JN418665

상처를 만지다

상처를 만지다

류정환 시집

고두미

□ 自序

지난 여름에 자동차 문에 엄지손톱을 호되게 찧었다. 손톱이 까맣게 죽고 그 아래 새 손톱이 생기고 하며 예전으로 돌아가고자 애쓰는 동안 겨울이 되었다. 우여곡절 끝에 겨우 한 껍질 벗고, 철을 바꾸며 상처와 싸우느라 울퉁불퉁 부대낀 흔적을 지우는 동안 다시 여름이 되었다.

손톱만큼도 기특한 구석이 없는 글들을 또 묶는다. 한 소리 또 하고 한 소리 또 하고, 구름 속에서 온 눈송이처럼, 처음도 잊어버리고 나중도 짐작하지 못한 채 흩날리던 날들의 기록이라고 해두자. 단념하지 않고 처음 얼굴을 기억해내고 끝내 새로워진 손톱의 의지에 경배하며.

2011년 여름

류정환

상처를 만지다

차례

제1부

제2부

제3부

제4부

제1부

오이소박이

아삭아삭 새금새금
잘 익은 오이소박이
한입 베어 물고 생각한다.

인생이 이만큼만 경쾌하다면
내 삶이 이만큼만
완성될 수 있다면

혀를 깨물다

늦은 저녁을 먹다가 한 순간
혀를 되게 깨물었다.
살점이 뜯겨 나간 자리에 하얗게 꽃이 피고
화끈화끈 벌들이 들끓었다.

살이 되고 뼈가 되어 삶을 지탱해주던
한 숟가락의 밥과
김치, 풋고추, 나물 따위들이 뒤섞여
나를 찌른다.

먹는 일이 지옥의 일이었구나.
살아서는 마칠 수 없는 형벌이었구나.

제 살을 씹는 줄도 모르고
입을 놀리며 살아온 세월이
이리도 끔찍하게 아프다.

몸살기 2

어딘가 아픈데
어디가 아픈 줄을 모르겠다.

서산에 해가 지듯
몸속 깊은 곳으로 햇덩이가 떨어져
뜨거운 것이 들끓어 오르는
마흔 살의 저녁

손끝 발끝으로부터 들려오는 웅성거림,
삼킬수록 씁쓸하게 넘어오는 마른 신음
어디로 데리고 가려고
나를 자꾸 불러내는가.

뼈저린 아픔도 없이 한세월을 탕진하였노라고
사무친 눈물도 없이 사랑을 말하였노라고
떨리는 몸을 웅크리고 참회를 해도

속은 격렬하게 끓고 바깥은 서늘하여
아직도 어디가 아픈 줄을 모르겠다.

살미터널

옛 고갯길 옆으로 번듯하게 새 길이 뚫려서는
살미터널— 이마에 새겨 놓고
덤덤하게 삼키고 뱉어 내는
그 어두운 아가리 속으로 훅 빨려 들어가보면 알지.

저 너머 세상으로 가는 길은
고개 아니면 터널뿐인 것을.
삶이라는 거, 그것뿐임을.

* 살미터널 : 충주시 살미면을 지나는 19번 국도, 문강리와 세성리를 잇는 터널.

까치밥

감나무 꼭대기에 매달린
까치밥 하나
십일월 단풍보다 더 붉다.

먼 도회지로 밥벌이들 떠났는지
오랫동안 날짐승은 찾아오지 않아서
임자 없는 찬밥 한 덩이
하루하루 식어 가도

어딜 가든 기댈 곳 없는 것들
겨우살이 밑천이나 하라고
덜어서 남겨둔 마음 아직 붉어서
마을 한쪽이 내내 환하다.

묵묘

청주 보살사 뒤편
낙가산 등산로 길섶에
쓰러져가는 초가 한 채.
서까래도 대들보도 다 삭아 없어지고
지붕만 겨우 남아 질펀히 드러누웠다.

잠자리가 날아와 앉았다가
움찔 놀라 몸서리를 치며 날아가는 폐가,
구름 같은 무게도 용납 않는
저 소름끼치도록 완고한 생애는 아직도,
아직도 멀었다.

후손들의 기억에서 완전히 잊혀지도록
세월의 그물에서도 완전히 풀려나도록
지워지지 않는 자리,
한 사람이 있었던 흔적!

낮달

삭풍이 옷깃을 물어뜯는
십이월 오후, 아차하면 곧 저녁인데
말간 낮달이 홀로
길을 나섰네.

서산 너머 마을에
문상問喪을 가시는지
다 늦게 휘적휘적 길을 나섰네.

부음이 아무래도 믿기지 않아
넋을 놓고 앉아 있는지
서둘러 길을 나서 놓고도
해 지길 기다리는지
산마루에 걸터앉아
일어설 줄 모르네.

어차피 하룻길
허망한 인생
종종거릴 것 없다고
겨울 해 짧은 걸

냉들 몰라서 이러겠느냐고
구시렁구시렁 일어설 줄 모르네.

지네다리를 건너다

그때 물 건너 저편에 서서
누가 손짓을 했기에

이 짐승은
천년 동안 물을 건너가는가.

그네에게 닿는 길은 멀고도 멀어서
이제 가까스로 기슭에 머리를 올려놓았는데

애초 헛것을 잘못 보았는지
거기 서서 홀리던 이는 자취가 없고

다시 한 천년 발을 적시면
구름 같은 손짓을 한번 볼 수 있을까

눈도 없이 애가 단 짐승은
물에서 나도 들도 못하는데

한 번 사랑에 한 생애가 저무는 거라고
발아래 물이 크게 한 번 웃고 멀어져 가는 동안

속도 겉도 다 타서 검은 짐승의 등을 밟고
그리움의 통증도 없이 나는, 천년을 오가는가.

* 지네다리 : 진천군 문백면 구곡리 세금천에 있는 돌다리. 신라 시대에 축조된 것으로 흔히 '농다리'라고 부른다.

단풍 묘지

불치병처럼 가을은 속절없이 깊어져서
되돌리긴 틀렸다고, 손을 쓰기엔 너무 늦었다고
중얼거리며 고개를 떨어뜨렸을 때, 그곳에
한 무리 낙엽들이 모여 서성거리고 있었다.
그 단풍 정류장, 흔들리며 한 생애를 견딘 얼굴들은
피를 나눈 형제같이 붉은 빛이었다.

바람이 끄는 마차가 도착하자 몇몇 낙엽들이 마차를 타고
떠났다.
차례를 다투거나 서두르는 기색은 없었지만
아무도 말이 없었다. 가는 곳이 어딘지 알고 있다는 듯,
먼저 갈 테니 나중 오라거나
곧 뒤따라 갈 테니 어서 가라거나 하는 말들은
오가는 눈짓에 이미 담겨 있었다.

구름 속으로 마차는 사라지고
시나브로 붉게 물드는 하늘가,
볕이 잘 드는 언덕에 다사로운 마을이 있어
무덤같이 옹기종기 모여 앉아 체온을 나누는지
미처 나누지 못한 술잔을 서로 권하는지

젓가락 소리 불콰하게 번져 가는데

지상地上의 추억마저 희미해지면
그렇게 한세상 깜깜하게 저물고 마는 것이라 해도
자네 있어서 내가 여기까지 왔다고 한잔을 또 권하는지
자꾸 눈시울이 붉어지는 11월, 저녁 하늘가.

밤새도록

밤새도록 비가 내리고
바깥이 내내 웅성거렸다.

먼 하늘을 떠돌다 온 구름이
어둠을 틈타 옷을 갈아입느라고
지상으로 쏟아져 내리는 밤,
그 진풍경을 상상하느라고
마을이 온통 한잠도 못 자고 수군거렸다.

초저녁부터 새벽까지
나뭇잎도 후드득후드득 몸을 떨고
버려진 수캐처럼 깡통들이 껑껑 짖어대고
땅에 발이 닿자마자 허둥지둥 숨어버리는
구름의 알몸을 엿보는 꿈을 꾸는지
열 살 아들 녀석은 이따금 히죽거리고
빗방울은 떨어지는데 우산이 안 펴지는 꿈을 꾸는지
일곱 살 딸아이는 사방으로 뒤척였다.

밤새도록 비가 내리고
바깥은 내내 웅성거리고

개천 물이 많이 불었겠다,
굳이 내다보지 않아도 알 만한 일로
사내는 공연히 잠을 설쳤다.

손금

이놈의 강은 깊이를 알 수가 없다.
오랜 가뭄으로 거친 바닥을 드러낸 복류천伏流川,
그 숨은 뜻을 읽지 못하고 여기까지 흘러왔다.
언젠가 핏물이 가득 흘러간 듯
검붉은 흔적이 역력한 물길의 상류가
나는 궁금하다.

그러나 족보처럼 완고하기 짝이 없는 이놈의 강은
깊이를 짐작하는 것조차 용납하지 않는다.
한 번이라도 강을 유심히 들여다본 사람은
그 물살에 눈을 빼앗겨
헤어나지 못하고 모두 떠내려갔다.
밥은 안 굶겠구나, 심심풀이로 일별一瞥했던 할아버지도
귀하게 되겠다, 내 손을 뚫어지게 훑어보았던 할머니도
결국 강물에 몸을 던지고 말았다.

부귀와 공명을 한 손에 쥐고
바다로 나아가는 길목을 지키고 앉아
모든 목숨 가진 것들을 기다리는 덫처럼
도대체 소리가 없는 이놈의 강은

하류 어디쯤에서 문득 솟아올라 나를 데려갈 것이다.

움직이는 목표물을 응시하는 고양이처럼
발톱을 숨기고 잔뜩 엎드린 바닥,
그 흔들리지 않는 침묵을 대할 때마다
벼랑에 선 듯 아득한 현기증이 인다.

난시亂視

칼국수를 먹다가
김이 서린 안경을 벗고 보니
밥상이 또렷하지가 않다.

……

내 눈을 의심하지 않았던 시절이 있었다.
세상 소문이 흉흉할 때 귀는 의심해 보았을망정
철없이 뜨거운 혈기가 조석으로 변덕을 부려
스스로도 자신을 반신반의할 때조차도
내가 본 것만큼은 틀림없다고 믿었던 시절,
그 날들은 칼국수가 식어버리듯 이내 지나갔다.

난시— 칼국수처럼 풀어진 눈,
두꺼비같이 앉아서 끔벅끔벅 애를 써 봐도
초점이 어긋나고 밥상은 흐려져서
먹어야 할 것과 먹지 말아야 할 것을 분별 못 하고
이것저것 가리지 않고 먹어도
거짓말처럼 자꾸 허기가 밀려오는가.

……

눈앞에 보는 것도 믿기 어려운 세상은
꿈속같이 허전하다.

팔월, 하고 싶은

하-고-싶-다-하-고-싶-다-하-고-싶-다-하-고-싶-다-
하-고-싶-다-하-고-싶-다-하-고-싶-다-하-고-싶-다-하-
고-싶-다-하-고-싶-다-하-고-싶-다-하-고-싶-다-하-고-
싶-다-하-고-싶-다-하-고-싶-다-하-고-싶-다-하-고-싶-
다-하-고-싶-다-하-고-싶-다-하-고-싶-다-하-고-싶-다-
하-고-싶-다-하-고-싶-다-하-고-싶-다-하-고-싶-다-하-
고-싶-다-하-고-싶-다-하-고-싶-다-하-고-싶-다-하-고-
싶-다-하-고-싶-다-하-고-싶-다-하-고-싶-다-하-고-싶-
다-하-고-싶-다-하-고-싶-다-하-고-싶-다-하-고-싶-다-
하-고-싶-다-

팔월 산에 드니
매미들, 죽겠다고 아우성을 친다.
우화한 지 벌써 사나흘,
남은 소리가 얼마 남지 않았다고
다시 침묵의 세월이 닥친다고
저 수컷들, 몸이 달아 소리소리 지른다.

여름 숲에 들면 나도
무작정 하고 싶다.

긴긴 여름날을 지칠 줄 모르고
몸으로 필생의 연서戀書를 써 날리는 매미들,
내게 남은 날은 얼마인가
생각이 많을수록 바튼 숨을 다스리기 어려워
현기증 나는 몸이라도 일으켜
무작정, 무작정 하고 싶다.

바람의 언덕에서

염천炎天을 무릅쓰고 노구老軀를 끌고 오신 노파 모양 한 그루 동백나무로 서서 이따금 휘— 한숨을 지어보다가
바람과 한 몸이 되어 사지를 운신運身하는 풍차 머리 위에서 구름으로 쉬다가
바람결에 머리를 빗어 올리는 민둥산 풀잎으로 앉아 있다가
바닷가 낮은 등대로 서서 포구를 들고 나는 배들을 헤어보다가
서로 사진을 찍어주며 뜨거운 여름날을 붙들어 두려는 연인들을 곁눈질하다가, 내게도 저런 시절이 있었던가 자문하며 웃어보다가
너나없이 이래저래 고삐에 매인 몸으로 사는 세월 멀미가 난다고 풀을 뜯다가 문득 바다 쪽을 쳐다보며 오래된 신호인 듯 한 줄기 울음을 날리는 염소로 서 있다가
그러다가, 염소같이 까맣게 밤이 되는 줄도 모르고 하염없이 바다를 바라보다가는 아예 바람이 되어서 그 언덕을 맴돌게 되리라 꿈꾸어도 보다가

* 바람의 언덕 : 경남 거제시 남부면 도장포 마을 북쪽의 민둥산을 부르는 이름. 바다를 보는 전망이 좋아 관광객들이 많이 찾는 유원지가 되었다.

만추晩秋

- 다녀올게요. 아버지.
- 멀고 험한 길이다. 몸조심 하여라.
- 이깟 몸이야 아무려면 어때요?
- 몸이 없으면 뿌리도 그만이다.
- 긴 얘기 할 시간 없어요. 벌써 날이 차가워졌는데.
- 돌아오지 않을 생각이란 걸 안다.
- 사월이 지나도 돌아오지 않으면 더 기다리지 마세요.
- 난 언제나, 죽을 때까지 여기 있을 거다.
- 전 그게 싫어요! 그 좀처럼 움직이지 않는 뿌리가.
- 그 맘 이해한다. 한때 나도 그랬으니까.
- 전 절대 아버지의 그늘에서는 살고 싶지 않아요.
- 그렇겠지. 네게 더 해줄 게 없어 미안하구나.
- 마음 쓰실 거 없어요. 어차피 기대도 안 했으니까.
- 돌아오지 못하더라도 곧게 살아라. 일생이 구부정하면 못 쓴다. 볼품도 없고.
- 글쎄요. 전 다른 인생을 살아보고 싶어요.
- 한번 굽으면 펴기 쉽지 않은 게 우리 삶이란 걸 명심해라.
- 아버지 등도 아주 반듯하진 않은데요.
- 너희들을 가꾼 것이 내 삶의 전부인데, 그마저도 벅찼던

모양이다.

- ……. 갈게요.

- 날 저물고 쉴 곳이 마땅찮으면 낙엽 속에 들어라. 일족一族이니 박대하진 않을 게다.

- 괜히 신세지고 싶지 않아요.

- 어서 가거라. 너의 혈기가 너를 끝내 지켜주었으면 좋겠구나.

제2부

무창포

그 겨울바다는 요지부동이었다. 삼백 리 길을 달려왔다고 사정해 봐도 길을 감추고 열어 주지 않았다. 눈앞에 보이는 섬에 닿는 일도 기다림이 없고서야 되겠느냐며, 신에게서 무슨 사명을 받은 징그러운 뱀처럼 섬을 감고 엎드린 바다는 밤새 잠들지 않고 쉭-쉭- 혀를 널름거렸다. 오직 기다림만이 바다를 지치게 해서 보름마다 길을 내어준다고 바람이 귀띔하고 지나갔다.

그리하여 바다가 물러나 주춤거리는 동안 사람들은 길을 따라 몰려들었다. 물속에도 길은 있는 거라고, 뜻이 있으면 바다든 하늘이든 길은 열리는 법이라고 저마다 중얼거렸으나 십중팔구는 바지락이며 게 따위들, 바다가 벌여놓은 것들에 혹하여 주저앉고 말았다. 정신을 수습한 바다는 이내 쉭쉭대며 달려들고, 사람들은 끝내 걸어서 섬에 닿지 못하였다.

나비효과

뜻밖에 맹장수술을 하고 퇴원하자 회복에 좋다고 아내는 한우 다리를 사다가 고기 시작했다. 이웃에 사시는 아버지는 개다리 한쪽을 사다가 보신탕을 끓여 들고 오셨고, 멀리 사는 동생은 유황이 섞인 사료를 먹여 키워 해독에 좋다는 오리에 온갖 한약재를 넣어 끓인 것을 팩에 담아 보내왔다.

아침부터 저녁까지 오리와 개와 소를 번갈아 먹으며, 같잖은 병치레에 애꿎은 목숨들이 욕을 보는가 하여 적이 민망해 하다가 생각했다. 돈으로 뭐든 사고팔고 생산이 소비를 부추기는 요즘 세태로 비추어보아 아무래도 벌써 준비된 약들이 쓰일 곳을 찾느라고 기운을 뻗쳐 웬만한 내 속을 덧들여 놓았구나 싶어 괜히 부아가 치밀었다.

백마를 추억함

문학의 길을 술잔 속에서 찾던 시절이 있었다. 제대하고 복학해서 약학대 뒤편 시골집 쪽방을 얻어 몸을 담아놓고 고치처럼 꿈을 꾸던 시절. 그 해 겨울인가. 저녁부터 후문 쪽 세상에 나가 공연히 술병을 잠재우는 중에 소리도 없이 폭설은 내려서 그나마 보이던 길마저 지워버리던 날. 지겨운 그리움과 열망 따위를 덮어주느라 물색 모르고 쌓인 눈이 발목을 붙드는 캠퍼스를 강 건너듯 홀로 가로질러 가던 밤.

인적 없는 새벽길, 홀연 가로등 아래로 달려가던 백마白馬 한 마리. 아, 그 빛나던 갈기며 파도처럼 일렁이던 야생의 등……. 저것이 어디서 나타나 어디로 가는가, 저 등에 올라타면 어딘가 꿈꾸던 세상으로 훌쩍 넘어가겠다 싶었는데. 취한 걸음이 눈 속에 묻혀 비칠거리는 동안 백마는 바람이 몰려간 쪽으로 이내 자취를 감추고, 터벅터벅 연탄불 꺼져가는 자취방으로 돌아가 쓰러지고 말았는데.

잠은 길었다. 곤궁한 잠의 세월 속에 단꿈은 언제나 짧았으나 백마와 한 몸이 되어 바람을 가르던 광야廣野의 기억엔 전설처럼 온기溫氣가 남아 눈 오는 밤이면 귓전에 말발굽 소리 하얗게 흩날리곤 하였다. 철없는 와중에 바퀴를 앞세워 연명하는 족속이 되어서 먼 고장 첫눈 소식에도 지레 앞길 걱정부터 닦는 아침에는, 그날 밤 백마를 따라갔더라면 문학이든 삶이든 지름길을 만나 이토록 군색한 됨됨이는 면했을 텐데, 그런 하염없는 미련으로 헛헛한 속을 달래보는 것이다.

물글씨의 노래

꿈같이 지나온 내 지난날도
저렇게 흩어지리.

상하이上海 루쉰魯迅공원에 물끄러미 서서 중얼거렸네.
시멘트 바닥에 글씨를 쓰는 허름한 사내,
굵은 붓을 들고 먹 대신 물을 찍어 글씨를 쓰는 사내,
허리 굽혀 한 줄 쓰고 허리 한 번 펴기를 거듭하는 사내 곁에서
나 또한 누군가 써 놓은 물글씨,
날아갈 듯 자태를 뽐내다가
시나브로 말라 흔적도 없이 사라지는 물글씨.

일필휘지로 달려왔구나,
줄줄이 내려쓴 글씨의 운명이여.
무수한 눈길을 붙들어 둔 세월이 적지 않았다만
덧없는 발길들 잠깐 머물다 간 후엔
가뭇없이 잊혀지리.
그렇고 그런 뒷얘기마저 흩어지고
젖은 몸을 받아주던 땅바닥은
여전히 묵묵하여 모르는 척 말이 없으리.

꿈같이 지나온 내 지난날도
저렇게 지워지리.

* 물글씨 : 먹 대신 물을 찍어 땅바닥에 쓰는 글씨. 지서地書라고 한다.
* 루쉰공원 : 옛 홍커우虹口공원.

나비 이야기

내 고향은 충청북도 보은군 탄부면 매화리, 그 중에서도 나비라고 부르는 곳인데요, 마을 지형이 매화나무에 나비가 앉은 모양이라고 전해 오거든요. 그러니까 나는 매화를 떠난 한 마리 나비, 길 잃고 도시의 습지를 떠도는 성충, 매화 향기가 그리워 헤매는 것인지도 몰라요.

한번 등지긴 쉬워도 돌아가긴 워낙 어려운 게 고향이어서 날이 갈수록 꽃향기는 멀어지고, 내가 앉았던 꽃잎이 붉은색이었는지 푸른색이었는지 기억도 아득한데, 혼곤한 잠결의 번데기가 기대었던 집은 허물어져 없어지고 장난삼아 콩을 베다 구워 먹던 마당은 콩밭 이랑이 되어 바닷물결처럼 무섭게 일렁이더란 말이지요.

지친 날개를 움직여 휘적휘적 거처에 돌아가면, 아 애벌레 두 마리 꼬물꼬물 달려 나와 솜털도 덜 마른 몸을 비벼댈 터인데요. 그것들은 저희가 나비가 되는 줄도 모르고, 몸속 어딘가에 비단 같은 날개가 숨겨져 있는 것도 모르고 잉잉거리다 잠이 들곤 하거든요.

혹여 저것들도 날개가 돋아나는 꿈을 꾸는가, 멀리 있는 매화를 찾아 떠났다가 돌아오는 것은 아닌가 싶어 몸을 심하게 뒤척일 때마다 잠을 설치며 유심히 들여다보곤 하는데요. 그것들이 번데기가 되어 고요해지는 순간까지 나는 잠을 이룰 수 없을지도 몰라요.

보살사

고향을 등진 이가 몰래 다녀가듯 봄은 와서
산수유 노랗게 꽃폭죽을 터뜨리는 삼월 한낮

산중엔 새소리 바람소리 가득하고
보살사 마당에 봄볕이 자글자글 끓는다.

스님은 마음을 쓸듯 비질을 일삼아
절 마당엔 가지런히 물결이 이는데

저녁때가 채 되기도 전에
햇살은 주춤주춤 산을 내려가고

색-즉-시-공 공-즉-시-색
목탁 소리 울린다.

어두워지기 전에 돌아오라고
더 멀리 가기 전에 돌아오라고

빈 몸을 두드려 마음을 붙드는 소리
저녁 산을 흠뻑 적신다.

* 보살사 : 청주 용암동 낙가산 중턱에 자리한 작은 절.

보살사 뒷산으로 세월이 간다고

그 농담 같은 굽잇길을 어떻게 다 지나왔을까
보살사 극락보전 앞마당에 서서 중얼거리다가
뒷산으로 가는 세월을 보았다며
그대는 쓸쓸하게 웃었지요.

세월은 아마도 산을 넘어간 모양이지요.
잠깐 낮잠에 든 그대의 배낭을 훔쳐 들고
달아나는 동네 악동같이 재빨라서
한달음에 훌쩍 산등성이를 넘어갔을 테지요.

그 길을 따라 꽃이 피고 지고
낙엽이 흩날려도 돌아오지 않을 것을 알아서
엊저녁 산을 넘어간 목탁소리처럼
산 너머 마을에서 무심코 같은 짓을 되풀이할 걸 알아서

그대는 여기 남아 헛헛하게 웃지만
산을 넘어가며 배낭을 뒤져 빈속을 들여다보고는
세월 또한 쓸쓸하게 웃었을 테지요.

노인들

지금은 흔적도 없이 사라진 청주읍성 안
중앙공원, 그 황혼의 해안에는
숱한 발길들로 닳고 닳아 낮아진 벼랑마다
발 디딜 틈도 없이 새들이 모여 앉아
희끗희끗 몸을 말리고 있다.

몸을 말린다는 것은, 오늘같이
더러 화창했던 날들을 애써 떠올리거나
궂었던 날들을 되새김질하는 것.
부서진 우산처럼 꺾인 날개를 휘저어
다시 거친 바다로 나가는 일은 없을 것이다.

그러므로 초점이 흐려진 눈동자들
앞을 응시하는 일도, 뒤를 돌아보는 일도
말짱 성가신 새들은 다만 무슨 신호처럼
이해하기 어려운 소리를 내어 서로 놀려대며
이따금 희미하게 웃어볼 뿐이다.

삼탄역에서

고단한 몸이여, 덧없이 흘러
오늘 여기에 이르렀구나.

육중한 신음 소리를 끌며
떠나는 기차의 뒷모습이 안 보일 때까지
한갓진 역사驛舍와 함께 오도카니 서서
잠깐 쓸쓸하였다.

덜컹덜컹 흔들리며 달려온 일상에서 놓여난 듯
세월의 눈을 속이고 해찰을 떠는 아이처럼
장난기가 일었으나 이내 쓸쓸하였다.

철로 옆 수줍게 고개 숙인 나리꽃같이
역무원은 말없이 할 일을 마친 기차표를 거두었다.
이젠 아무도 그 짧은 삶의 기록을 눈여겨보지 않을 테니
낡은 몸이여, 한 생애의 끝은 대개 저러하구나.

기차는 갔던 길을 되짚어 올 터인데,
오래지 않아 누군가의 자리가 빈 것을 알아채고
굳이 돌아와 젖은 몸을 데려갈 터인데

이 세상에 올 때는 한 줄기 소나기처럼 왁자하였으나
물길이 거듭 거듭 급하다는 세여울, 삼탄에서는
흘러가는 곳을 짐작할 수가 없어
한참 쓸쓸하였다.

* 삼탄三灘 : 충주시 산척면 명서리 소재 유원지. 충북선이 지나는 이곳에 간이역이 있다.

사람 그리기

여기다 사람 좀 그려 보라고
딸아이가 떼를 쓰며 도화지를 들이미는데
백지가 사막같이 넓고 아득하다.

사람이 어디쯤에 있어야 하지?
사람을 어떻게 그리더라?
시험지를 받아 든 듯 정신이 아뜩하다.

울퉁불퉁 둥그렇게 머리통을 그리고
듬성듬성 머리카락,
휑하니 마음을 알 수 없는 눈,
실없는 농담처럼 삐뚤어진 코,
허기진 듯 반쯤 벌린 입,
볼품도 없고 크기도 다른 귀를 붙여놓고 들여다보니

있을 건 다 있는 것 같은데 왠지 허전한 게
아무래도 사람 같지 않아서
색연필을 못 놓고 머뭇거리고 있다가

이게 뭐냐고, 여태 사람도 못 그린다고

유치원 졸업반 딸아이한테 제대로 면박을 당하고
무안하여라, 하루 일의 절반이 사람을 보는 일인데
어려운 일 중에도 사람을 그리는 일이 어렵구나.
설명하는 일 또한 어려워 쥐구멍을 찾다가

어렸을 적 수없이 그렸던 사람은 어디로 가버렸을까.
민망한 눈길 아득한 사막을 헤매노라니
도화지 속의 얼굴이 측은하게 나를 바라보는 것이
절룩절룩 걸어 나와 내 어깨를 짚어줄 것만 같다.

채석강에서

그게 그러니까, 애당초 내 좁은 됫박으로는
가량도 어려운 풍상風霜이었을 테지.
성가시게 보채는 밀물을 일일이 다 받아주느라
온몸이 주름투성이가 된 바위를 딛고 서서
세월을 운운하자면 꽤나 멋쩍은 노릇일 텐데
주름바위에 걸터앉아 한껏 흥이 도도한 두 노인네
목청을 돋우어 노래를 부르는 거라.
세월아 가지를 마라—
부부 같기도 하고 한동네 이웃 같기도 한데
하여간 새벽밥 해먹고 한 두세 시간은 달려왔을 테지.
관광버스에서 소주도 한잔씩 돌렸을 테니
죽기 전에 이런 날이 또 있을까 싶은 기분 알 만도 한데,
차림새도 말쑥한 두 노인네
목청을 돋우어 노래를 부르는 거라.
세월아 가지를 마라—
하고는 불콰한 얼굴 서로 바라보며 크게 한번 웃고
세월아 가지를 마라—
하고는 듬성듬성 빠진 이 드러내고 크게 한번 웃고
돌아갈 길은 염두에 없는 듯 그러고들 앉았는데,
저게 무슨 노래던가,

소싯적 부르던 노래를 한 소절만 기억하는가,
아니면 부러 그 한 소절만 자꾸 불러보는가,
고개를 갸웃거리다 나는 그만 돌이 됐단 말이지.
그러고 보니 참말 가지 못하고 붙들린 세월이
바닷가 벼랑에 차곡차곡 쌓이고 또 쌓여서
그야말로 층층이 장관이더란 말이지.
퍼뜩 정신이 들어 시계를 보곤 돌아보니
두 노인네 홀연 보이지 않고
세월아 가지를 마라— 노랫소리도 아득한데
주술에 걸린 세월은 오도 가도 못하고 쌓이고 또 쌓여
그야말로 층층이 장관이더란 말이지.

막걸리 사설辭說

누구나 지나온 내력 늘어놓자면 한이 없을 테지만 내 얘기도 소설 한 권으로 모자라지. 인생지사 새옹지마란 말이 맞기는 맞는가, 팔자소관이 있기는 있는가, 이런 탁주 세상을 다시 만날 줄 누가 알았나. 아따, 술꾼들 입술 적셔주며 밤을 새느라 정신을 어디 두고 다니는지 모를 지경일세.

요새야 흔전만전 먹을 게 넘쳐 병이지만 양식 변변찮던 시절에 남정네들 농사일 하자면 참 고단했지. 끼니때는 아직 멀었지 뱃가죽은 등에 붙어 기운은 팔랑거리지……, 말이 그렇지, 하늘이 노랗다는 말 지금 사람들은 모르네. 그때 새참이라고 논둑에 앉아 탁배기 한 사발 쭉 들이키면 희한하게 힘이 불끈 솟았거든. 그 맛이 달고 달아서 눈치껏 한 잔 더 받아먹고 나면 배가 벌떡 일어나 다시 한나절 거뜬하게 견디곤 했으니까, 말하자면 삶을 떠받치는 밥이나 진배없었던 거지.

세상이 호시절을 만났다고는 하지만 그거 다 헛것이라. 산목숨 연명하자니 농토 버리고 도회지로 옮겨 흉내 내고 사느라고 소주 맥주에 양주까지 맑은 술이 입에 붙다보니 궁기窮氣 역력한 기억같이 텁텁한 농주農酒를 거들떠보고 싶었겠나. 좌우간 화사한 등불 아래 막걸리를 호사好事로 마시는 일이 문화가 된 마당에 메주 빚고 장 담그다가 분 찍어 바르고 술청에 끌려 나온 아낙처럼 영 민망하기 짝이 없으니, 이건 또 무슨 조화속인가 모르지.

장명등이 있는 주점

어젯밤 꿈에 들렀던 그 주점은 고색古色이 제법이어서
일삼아 구해다 늘어놓은 옛 풍물風物이 집 안팎으로 그득하였다.
어디서 모셔왔는지 마당엔 오래된 장명등이 한 기基
흐릿한 눈으로 서 있었다.

몰락한 사대부 묘지기로 한세월 족히 견디었는지
이끼처럼 검버섯이 덕지덕지 앉은 몸을 무릅쓰고
대궐 같은 집을 드나드는 주객酒客들을 맞고 보내는 것이었다.

막손을 전송하고 안에 불이 꺼지면
꿈도 끄고 선 채로 눈을 붙이는 장명등

목숨 부지하자면 너나없이 몸 팔기 예사인 시절이긴 하지만,
그렇게 붙박이 하루 몸값이 얼마인가 묻기도 민망한데
시립侍立이라도 할 수 있는 삭신이 멀쩡하니 그게 어디냐며
눈을 감고 하루를 닫는 노구老軀의 어깨에 손을 얹으니

내 팔도 함께 저려와 옴쭉달싹을 못 하고
꿈인지 생시인지도 가름이 안 되는 중에

꿈을 깰 수도 없고 내처 잠을 청할 수도 없이
식은땀에 젖어 한참 혼곤하였다.

단풍 든다

단풍 든다.
단풍 든다.
가을이 깊으니 그리움도 깊어
동서도 남북도 없이 단풍 든다.

망설이고 망설이다 몸이 달아 달려드는 머슴애처럼
손을 빼다가 못 이기는 척 마음을 여는 계집애처럼
때가 되었다고 색동옷 꺼내 입고 나와
반가운 임은 언제 오시나, 기다리는 나무들.

산 같은 그리움에 저마다 귓불이 붉어지고
삽시간에 골짝마다 불이 이는데
온몸에 신열이 올라 붉게 달뜨는 국토,
갈라진 국토의 사무친 병을 좀 보아라.

하루 한나절 얼싸안고 후루룩 타고 말아
앙상하게 헐벗고 겨울을 맞을지언정
거기 두고 여기서 그리는 일
더는 못 하겠다, 더는 못 하겠다고.

그리하여 단풍 든다. 하루 한나절 잠시라도
한마음으로 오래된 약속을 확인하고 싶어서.
한마음으로 내일을 얘기하고 싶어서.

건너간다

저 여자, 오늘은
왼쪽에서 오른쪽으로 건너간다.

방아다리 근처 보험회사나 증권회사엘 나가는지
규정복을 단정하게 입고 검은 가방을 들고
사거리 횡단보도에서 하루건너 한 번씩은 마주치는,
신호를 기다리는 내 차 앞을 가로질러 가는 여자.
서른 서너 살쯤 됐을까, 요새 저만한 나이 사는 모양
물어보지 않아도 알지.

아침 여섯 시쯤 겨우 일어나 압력솥에 밥 안치고
찌개 하나 얼른 끓여 밥상을 차리지.
벌이가 시원찮은 남편이 밥을 뜨는 둥 마는 둥 나가 버리면
아이들 둘 깨워서 밥 먹이고 씻기고 옷 입혀서
하난 어린이집에 차 태워 보내고 하난 놀이방에 데려다 맡기고
부랴부랴 출근하는 길일 테지.

직장에선 제법 인정받는 요원일지도 모르지.

그래도 나이는 자꾸 늘어서 언제 밀려날지 불안도 할 거고
임대아파트 보증금 걱정이나
홧김에 분양받은 아파트 융자금 이자 걱정으로
머릿속이 복잡하겠지. 십중팔구는
철없는 친정 식구들 때문에 냉가슴도 적잖을 거고
분별없는 참견으로 때때로 어긋나는 칠순 시아버지도 신경 쓰이고
다른 집 애들은 피아노다 영어학원이다 몇 군데씩 돌린다는데
우리 애들만 바보 만드는 거 아닌가 싶어 조바심도 나겠지.

낼모레면 새해라고 안팎으로 야단인데
오늘은 오른쪽에서 왼쪽으로 종종걸음을 걷는 여자.
왼쪽도 그렇고 오른쪽도 마뜩찮고
또 한 해를 건너가는 여자
만만한 일 하나 없는 살림살이, 안 봐도 훤하지.

북한산 고사리

낯이 익은데 고향이 어디냐고, 저녁 밥상에서 마주한 고사리 무침을 보고 대뜸 물었다. 말이 없는 고사리를 대신해 아내가 귀띔해 주었다. 북한산北韓産— 저것이 인적 드문 산기슭 양지바른 땅을 골라 초경初經을 맞은 소녀같이 두근두근 새순을 밀어 올렸을 터인데, 햇살 좋은 봄날 일삼아 찾아온 촌로의 눈에 들어 경황 중에 한순간 남과 북이 갈리듯 운명이 바뀌었을 터인데, 비슷한 처지로 붙들려온 것들과 한데 섞여 눈물깨나 빼어서 몸속 물기가 다 말라버린 후에야 남쪽 우리 동네까지 팔려왔을 터인데.

오늘 나의 저녁은 저 기나긴 우여곡절로 이룬 것이니, 딱하고 한편 반갑다! 지치고 검붉은 몸을 삶고 건져내어 전라도 어느 섬에서 났다는 소금과 조선간장의 묵은 마음으로 간을 맞추고 보은에서 농사짓는 친구가 보내온 참기름을 두르고 단양에서 왔다는 마늘이며 파를 다져 넣고 제천이 고향인 아내의 손끝으로 조물조물 무쳐 달달 볶은 다음 깨소금 솔솔 뿌려 담아 놓은 북한산 고사리 무침 한 접시. 맛있구나! 하나의 세상.

제3부

입춘 무렵

올겨울은 유난히 춥고 길어서
봄을 기다리는 마음 너 나 없는데

그저께 지나간 입춘 이름값 하느라고
쨍하던 날이 맥을 잃고 풀려버린 휴일

나뭇가지에 옹기종기 나앉은 참새들
저쩌쩌쩌 저쩌쩌쩌 말을 더듬는 날이다.

저기 봄이 온다고, 저기 온다고
말 안 해도 다들 아는데

성미 급한 것들이 혀가 꼬여서
저쩌쩌쩌 저쩌쩌쩌 환장하는 오후

도대체 이게 뭔 소린가 싶어
나무들도 눈을 뜰까 뒤척이는 날이다.

귀향

삼월 지나 사월이 되면
조심조심 걸어라.
도심 골목길도 아이들 놀이터에서도
발밑 살피며 조심조심 걸어라.

대대로 살던 땅 보상 한 푼 못 받고
불도저 포클레인에 뿌리 뽑혀 떠났던 이들
고향이라고, 고향이라고 돌아왔더라.
약속이나 한 듯이 돌아왔더라.

윗말 논둑에 살던 홀아비 개망초와
밭머리 살던 민들레, 제비꽃,
오지랖이 넓어 남 병치레에도 불쑥불쑥 나서던 쑥이며
토라진 처녀애같이 냉랭하게 꽃피던 냉이 들

보도블록 틈새마다 돌아와 눈인사를 나눌 적에
반갑다 말도 못 붙이고 곁눈질로 힐끗 보니
한 겨울 타향 객지 떠돌며 시달렸는지
얼굴이며 옷가지는 먼지 담뿍 뒤집어썼어도
온 동네 입방아 오르내리던 그 자태 그대로더라.

상처를 만지다

입춘 지나 경칩이면 봄 아니냐고
밖에 내놓은 군자란이 밤새 냉해冷害를 입어
한 잎 끝이 짓무르더니
손쓸 겨를도 없이 마르고 부서졌다.

매끈하던 잎에 상처가 생겨
흉한 것을 며칠 들여다보다가
아예 잎 밑동을 잘라버릴까
가위를 들었다 놓기를 거듭하다가

그냥 두기로 하였다.
얼룩진 상처도 제 얼굴이려니
감출 수 없어서 눈길을 붙드는
흉터도 제 삶이려니 싶어
성급함을 자책하는 내 상심傷心이
살을 도려내는 아픔보다 더하랴 싶어

그냥 두고 한 번 더,
한 번 더 만져주기로 하였다.

냉이꽃 엽서

꽃이 핀다고 다 봄이겠습니까.
두억시니 바람살은 아직 매섭고
이웃들은 여전히 낮고 가볍습니다.

차가운 땅에 바짝 엎드려 한겨울 견디며
뿌리 끝까지 눌러 삼켜둔 향기를 토하여
핏기 없는 꽃을 보냅니다만
여리여리 현기증이 가없습니다.

눈길을 사로잡는 함박 꽃송이는 아니어도
형형색색으로 발길을 붙들지는 못하여도
흔들리지 않고, 흔들리지 않고
찬찬히 서로를 바라볼 수 있기를
멀미나지 않게 선명한 하늘을 쳐다볼 수 있기를

가녀린 비원悲願도 한 줄기 없다면
꽃이 핀다고 봄이겠습니까.

신록 아래서

새잎이 돋는다.
새잎이 돋는다.

당신이 단풍 드는 줄도 모르고
당신의 팔다리가 삭정이가 되는 줄도 모르고
그저 저것들이 푸르기만 빌고 빌다 부러진
온 세상 어머니들의 비원悲願이 헛되지 않아서

새잎은 돋는다.
봐라! 쏟아질 듯 남실거리는
저것이 하늘색이다.

사월 신록 품에 들면
자애로운 연둣빛 그늘이 내려와
마흔다섯 살 굵은 머리를 쓰다듬고
주름진 볼을 어루만진다.

접시꽃의 여름

누구를 기다리다 꽃이 되었는지
선홍색 저고리 접시꽃 한 송이.

오랜 세월 서성거림에 훌쩍 큰 키로
오가는 사람들을 유심히 살피고 섰다.

어디서 본 것같이 낯은 익은데
흐릿한 기억 속의 얼굴.

한껏 부푼 꽃잎은 그대로
눈이며 볼이며 입술이어서

여름 한낮 등줄기를 적시는 땀,
소금기에 절은 사내 몸을 설레게 하느니

기다림에 지쳐 꽃잎 닫고 나면
이 세상, 한순간 어둡겠다.

목련木蓮

저 새가 뿌리 끝에서 작심을 하고
좁은 물관을 따라 가지 끝까지 올라올 적엔
온몸 가득 신열이 끓듯
화산처럼 치받는 꿈이 있었기 때문이다.

날개를 펼쳐 솟아오르고 싶은
그 벅찬 마음을 떠받치느라고
나뭇가지는 두근두근 떨고 있는 것이다.

얼마나 날고 싶었으면
몸이 온통 흰 구름을 닮았을까.

눈 잃고 귀 잃고 입이 굳어 없어지는 세월 동안
한 겹 두 겹 날개를 직조織造하며
행여 꿈이 깰까 저어하여
울음소리조차 안으로 삼켜 왔던 것이다.

그리하여 조심조심 날개를 펼쳐 보는
찰나, 속절없이 툭툭 꺾여 흩어지는 와중에
이번 봄도 실패다, 중얼거리며

주저 않고 뿌리 쪽으로 돌아가는 것이다.

우리 집 강아지

우리 집 베란다 폐화분에 터를 잡은
강아지풀 한 줄기, 놀랍고 기특하다.
사방 한 뼘씩이나 될까, 마른 흙덩이뿐인 그릇에
일생을 맡겨 놓고도
참 맑은 얼굴을 가꾸었구나.

내 어릴 적, 장날 사온 강아지 한 마리— 어린것이 젖을 먹다 말고 팔려왔는지 눈에는 어미를 잃은 두려움이 가득하고 강아지풀같이 비릿한 주둥이에선 연신 앓는 소리가 흘러나오더니. 낯선 사람들에게 눈도 못 맞추고 부엌 구석에 얼굴을 묻은 채 웅크리고 있다가 밤이 되면 부엌문을 긁어대며 울어 쌓더니. 방에서 홑이불을 쓰고 누워 나는 저게 저러다 죽고 말지 싶어 안쓰러웠는데, 용케도 사흘을 견디고서는 비로소 한 식구가 되어 발끝에 묻어 다니며 재롱도 부리고 꼬리도 제법 흔들게 되더니.

그 강아지처럼, 나는 살아왔구나.
어둠 속에 홀로 남게 될까봐 항상 두려웠고
집에 먹을 것이 떨어질까 조바심을 한 것이 삶의 전부였으니 그렇게 일생을 산 것들이 죽어서는 강아지풀이 되는가.
돌보는 이 없어도 방금 세수를 마친 얼굴로
콧노래를 부르듯 흔들거리며
대수롭지 않은 생애를 기꺼워하는
강아지풀의 아침이, 나는 몹시도 부러운 것이다.

갈대

밥벌이 하고 새끼 치고
한세월 이룬 마을이 장히 볼 만하다고,
모양내고 사느라고 뿌리도 제법 굵어서
이젠 웬만해선 바람 탈 일 없겠다고
뭇 발길들이 흐뭇하게 읽고 멀어져갈 때마다
갈대는 혼자서 울었다.

바람을 따라가고 싶어서
바람이 먼저 가버리고 말 것 같아서
날마다 두근두근 마음을 졸이느라
푸석푸석 야윈 몸

몸은 자꾸 바람을 따라 나서는데
꿈속에 붙들린 듯 발은 움직이지 않아
소리도 못 내고 허우적거리는 동안
한 번도 기다려주는 법 없이
세월처럼 바람은 휑하니 가버리고

저 길을 돌아가면 딴 세상이 있을 것 같아
바람이 몰려간 쪽을 바라보다

구부정하게 굽은 등 뒤로 시나브로 해가 지고
오래 머무는 법이 없는 바람,
팍팍한 영혼처럼 휘휘 빠져나가고 나면

그리움도 저물어 빈 몸이 되었다고
어둠 속에서 서걱서걱
갈대는 혼자서 흐느꼈다.

어른

수백 년 동안 그 자리에 서 있었다는 둥구나무를 만나면 절로 머리가 숙여진다.

피가 들끓어서 밤잠을 못 자던 젊은 시절엔 고향을 떠나 대처로 나가고 싶은 생각이 굴뚝같았을 터인데, 꽃 피는 봄에 한창 물이 오른 처녀들이 머리칼을 날리며 앞을 지나갈 때면 속절없이 설레는 맘에 좇아가 말을 건네 보고 싶었을 터인데, 그러다가 가슴을 가득 채웠던 사랑을 잃고는 환장할 것 같은 마음에 죽든 살든 강물에라도 뛰어들고 싶었을 터인데, 폭풍우 몰아치는 밤이면 가까운 인가人家 처마 밑에라도 들어 비를 피하고 싶었을 터인데, 전쟁 통에는 밤낮으로 두려워 어디로든 피난을 가고 싶고, 혈족들이 주검으로 돌아왔을 땐 당장이라도 총을 들고 전장으로 달려 나가 원수를 갚고 싶었을 터인데, 날이 어두워도 성숙한 딸아이가 돌아오지 않는 저녁엔 조바심에 노구老軀일망정 저만큼이라도 마중을 나가고 싶었을 터인데, ……

저 헤아릴 수 없는 가지는 고민을 다스린 흔적이다. 욕망이 일어날 때마다 일그러진 얼굴을 가리느라 가지를 뻗고 잎을 틔워 그늘이 한 마당인데, 터져 나오는 신음을 눌러 삼키고 끝내 한 걸음도 옮기지 않고 견디어 온 거목, 그 단단한 몸에 손을 대면 수백 년 세월이 서늘하게 전하여 온다.

능소화 지다

간밤에 비 오시더니
기다리던 임이 다녀가셨나.

담장 아래 몸을 던진
능소화 한 송이

낭창낭창 설레던 여름날을 생각하는지
마지막 본 임의 얼굴을 떠올리는지

기다림을 멈춘 꽃잎, 닫아버린 입가에
희미한 미소가 어렸다.

상사화

두렷하게 빛나지 않는 일생이라도
한번쯤 혼자 있고 싶은 날 있지.
인적 드문 절집의 뒤뜰이나
반나마 비어버린 산촌 외딴집 마당 한쪽
담담하게 꽃대를 밀어올린 상사화처럼
남의 눈길 의식하지 않고 호젓하게 서서
오래 길을 되짚어보고 싶은 날.
내 삶을 푸르게 떠받쳐 주리라는
세속의 열망도 가볍고 가벼워서
무성한 피붙이들, 기다리지 말고 먼저 가라—
일찌감치 봄바람에 전하고는
말간 얼굴로 홀가분하게
느릿느릿 한철 나고 싶은 날 있지.

플라타너스처럼 3

그는 지금
죽음과도 같은 겨울을 견디고 있다.

깊은 사랑에 덴 상처를 자꾸 건드리는
그리움의 통증을 참을 수 없어

화닥닥 웃옷을 벗어 던지고 뛰쳐나와
맨몸으로 서서 바람을 맞고 있다.

- 살을 엘 듯 달려드는 삭풍이여, 서둘러라.
  서둘러서 아직도 더운 몸을 식혀 다오.

격렬했던 여름날의 기억으로 몸서리를 치느라
하얗게 마른 입술이 떨릴 때마다
웅웅 신음 같은 울음이 터져 나오는데

불길이 지나간 온몸에 딱지가 앉아
다시 단단한 껍질이 될 때까지
사랑이여, 다시 눈을 뜨지 말라고
어둠이 내리는 거리에 박힌 듯 서서

죽음과도 같은 겨울을 견디고 있다.

나목裸木의 노래

이렇게는 못 산다, 이렇게는
도저히 못 살겠다고 중얼거린 것이 몇 해인가.

11월도 훌쩍 가버리고
바람이 몹시 부는 밤이면 무릎이 시려와
웅웅 신음을 삼키며 앓은 지도 벌써 여러 날,
내 앙상함을 가려주던 잎들은
무작정 손을 놓고 우르르 뛰어내린다.

어차피 이렇게는 못 견딜 것이다. 한때는
시골 마을 어귀에 대견한 느티나무이거나
작은 시골집 울타리에 붙어 선 감나무이거나
한적한 고갯마루 길가에 돌올한 소나무이거나
탑신 한 기 겨우 남은 절터에 쓸쓸하게 늙은 은행나무였으면 하였으나
그것은 지나간 봄, 구름처럼 흩어진 꿈,
꿈이 들었던 자리가 허전해서 몸 한쪽이 자꾸 허물어지고

진작 떠났어야 했는데,
어디든 여기가 아닌 곳으로

아이들이나 얼른 크고 나면 떠나야지
다짐한 것이 벌써 몇 해인가.

도시의 허공에 매달려 한 생애를 견디고
왕왕거리며 질주하는 짐승들이 우글거리는 길에 던져진
저것들의 앞날도 뻔하다. 어디로 가야 할지
서릿발의 냉기가 올라오는 땅에 엎드려
밤을 새고도 여전히 우왕좌왕 어지러운 낙엽들.
돌아갈 곳 없이 거리에서 밟히고 짓이겨지는 것,
결국 그것이 삶이라 해도

그렇게는 못 살겠다. 그렇게는
도저히 가벼워서 살 수가 없다.

눈꽃

너를 바라보고 있으니
내 눈에도 꽃이 핀다.

어디 내 눈 뿐이랴.
나무도 산도 온통
너로 하여 꽃이다.

그러나 눈물겨운 꽃이여!
나는 짐짓 찬바람인 듯
이만큼 서서 바라볼 뿐이다.

만지면 허공에 흩어질까
더운 가슴으로 안으면
눈물이 될까 저어하여

등산로 길섶 나무 뒤에 숨어
두 눈 가득 꽃을 담아 갈 뿐이다.

제4부

일미집 한세월

괴산읍내 장터 골목에
일미집 할매는 올해 여든두 살.
갓 마흔에 혼자되어
입에 풀칠하자고 술을 뜬 게
하루 같은 사십 년이라는데

막걸리 한잔에 무심히 내놓는
김치 쪼가리, 멸치 몇 토막 마주하고 앉으면
옛날얘기 그 고생한 얘기 말도 말라며 손을 내저어도
젊은 과부는 물레질 하고 늙은 과부는 담배질 하더라고
이골이 난 입담에 담배질도 무던해져서
기침 같은 걀걀 웃음은 연기를 타고 허공에 흩어지고

할 일을 다 마친 자궁처럼, 부뚜막엔
시멘트를 발라 닫아버린 화덕이 두 개.
한때 갈비 굽던 영화榮華도 아득하여라
시골 장터 흥청망청도 그야말로 옛날얘기지
막걸리 한 사발 놓고 시답잖은 소리 하고 또 하며
한나절씩 붙박이 하던 늙은이들도 갈수록 뜸한데
며칠 안 보이면 다된 거고 한두 달 소식 없으면 간 거라며

다시 내놓는 웃음은 오래된 벽 속으로 스며들고

빈 소주병엔 나른한 조화造花 몇 송이
한 백년 산대도 화사한 청춘 처음 같을 테지만
얼굴에 주름 하나 남기지 않고 흘러가는 세월은
철없는 입맛에도 간이 영 틀려서 데면데면 낯이 설더라.

할매, 그 맵고 시고 짭조름한 이야기 한 토막이면
탁주에 잔술일망정 달게 마시기 그만인 것을.

오 하느님!

— 영운천에 방생한 다슬기를 대신해서 적다

목숨 가진 것이 부지하고 살다보면 말 못 할 일 숱하게 겪게 마련이지만, 나 살아온 얘기 하자면 몇 날 밤을 새도 모자라지.

나는 원래 괴산 갈은동葛隱洞 계곡에 살았거든. 그런데 작년 여름에 거기 물놀이 왔던 아이들 눈에 띄어 붙들려 온 거야. 청주 금천동, 듣자하니 집주인도 십 몇 년을 셋방살이 전전하다가 낡고 허름한 아파트 장만해서 이사해 온 모양인데. 어린 것들이야 재미 삼아 그랬겠지만 영문도 모르고 삶의 터전을 옮기게 된 우리는 기가 막혔지. 좁아터진 어항도 죽겠는데 물은 약냄새 나는 수돗물이지, 감질나게 먹이라고 주는 게 비린내 나는 사료 부스러기뿐인데 그나마도 물고기들 먹고 남아야 구경이라도 하겠더라고. 그래도 어떡해. 살았으니 살아야지. 어항 벽 닦아 먹고 바닥에 쌓인 사료 찌꺼기라도 찾아 먹으며 부지런히 아이도 낳고, 좌우간 발바닥에 땀나게 열심히 살았지.

나날이 우여곡절일망정 살아지니 목숨이라는 게 참 모질고도 무서운 것이더군. 갑갑한 어항에도 어지간히 적응을 하고 아이들 수도 부쩍 불어나고 족히 일가를 이루게 되었는데, 그게 사단이 될 줄 누가 알았겠나. 어항 바닥이며 벽이 시커멓게 아이들이 늘어나자 보기에 흉했던 모양이지. 잡히는

대로 한 움큼씩 건져내서 저희 일가붙이들 집으로 보내더군. 그 때마다 생이별 난리통을 말해 뭣 하나. 가서 살기는 살았는지. 대전도 가고 경기도 어디도 가고 한 모양인데, 한번 간 후론 소식도 몰라.

무심한 세월은 또 흘러갔고, 그 세월만큼 아이들이 늘어난 것이 살 만해 보였는지 다시 일족을 솎아내기 시작하는데, 이번에는 집 근처 개울에 방생할 생각을 한 거야. 그런데 그게 말이 좋아 방생이지, 개울물이 워낙 안 좋아서 뭐가 살 수 있는 형편이 아니거든. 정말 큰일이 난 거지. 그렇다고 앉아서 죽을 순 없고, 여기서 한참 가면 무심천이라고 물이 훨씬 낫다니까 가다가 죽더라도 가봐야지. 생각만 해도 멀미가 나네. 장난 같은 인생…….

* 오 하느님 : 조정래 장편소설『오 하느님』을 빌려 썼음.

온정리 이별

잘 있어라, 말도 못 하고
나는 가더라도 부디 잘 있어라.
차창으로 녹슨 몸을 이끌고
가는 곳마다 질금질금 따라오던 철길아
적막해서 무섭고 쓸쓸한 비무장지대야
내 어릴 적 까까머리 모양 수줍은 민둥산아
손질하지 않은 머리칼처럼 어지럽게 자라나
철조망 사이로 내다보던 억새야
낯선 발길을 애써 받아주던 흙들아
잘 있어라. 기어이 잘 있어라.
꽃샘바람 속에 붉은 깃발을 들고
쓸쓸하게 바라보던 작달막한 군복,
무표정한 얼굴로 내 얼굴을 흘깃 보고는
증명서에 스탬프를 찍어주던 군복아
멀리 마을 앞을 달려가는 꼬마들아
어쩌다 길에서 눈을 마주쳤던 어린 것들아
붓으로 그린 호수처럼 얌전하던 장전항아
고개만 들면 멀리 서서 돌아보던 금강산아
백년을 기다린 여인처럼 반기며 길을 열어주던 금강송들아.

옥류동아, 연주담아, 구룡연아……

너희들을 어떻게 불러야 할지 몰라
나는 내내 허둥대었다.
겨우 말문이 떨어질 법하자 나는 돌아간다.
오, 이름을 모른대도 굳이 탓하지 않을 것 같은
사람들아, 나무들아, 바위들아
기어이, 기어이 잘 있어라.

* 온정리 : 북측 행정구역인 강원도 고성군의 마을. 현대아산의 금강산관광 사업의 거점이 된 곳이다.

애월涯月

애월 바닷가에 서 보니 돌의 심정을 알겠다.
애끊는 창자처럼 섬 곳곳을 구불구불 돌아다니다
여기 와서 한번 소스라쳐 솟구치는 저 검은 바위가
그저 땅속에서 끓어오른 마그마가 식은 것만은 아닌 걸
알겠다. 저 무자년戊子年
섬이 온통 불덩이가 되어 사람을 이 잡듯 했다던,
삶과 죽음에 분간이 없었다던 불길 속에
죽음도 죽음이 아니었듯 삶도 삶이 아니어서
악몽에 가위눌려 식은땀을 흘리던 한 갑자甲子의 세월 동안
시커멓게 타버린 돌의 심정을 알겠다.

그러고 보니 바다의 마음도 알겠다.
유난히 달밤이 좋다는 애월,
밤이 깊어도 잠들지 못하고 앓는 바위가 애처로워
그 차가운 몸을 덮어주려고 홑이불처럼 몸을 펼치고는
어둠 속에 뒤척이며 뜬눈으로 함께 밤을 지새운 바다,
천형天刑같이 검게 변해버린 바위의 몸을 씻어주겠다고
다시 한 갑자 잠을 못 자더라도 말갛게 닦아주겠다고
팔을 걷어붙이고 흰 손으로 달려드는 바다의 마음

알겠다. 내 머리를 흔들고 가는 바람,
이따금 지친 파도가 저만큼 물러나 숨을 고를 때마다
힘내자고, 하루라도 서둘러
이 바닷가에 새봄을 당겨와 웃음꽃 피게 해보자고
기운을 돋우어 바다를 일으켜 세우는 바람,
겨울 애월이여, 바람의 그 마음도 알겠다.

* 애월 : 제주도 북제주군의 지명.

상당산성 소疏

전하, 신은 오늘 새끼들을 앞세우고 산성에 올랐습니다. 적의 움직임은 보이지 않습니다. 한눈에 내려다뵈는 청주 시가지에서도, 오창과 증평 쪽에서도 적이 다가오는 기미는 없습니다. 적들이 관측을 피해 성으로 접근할 방법은 없어 보입니다. 전방前方은 그저 한 폭의 그림같이 고요합니다. 그러므로 봄기운이 완연한 휴일, 신은 어미닭처럼 새끼들을 풀어놓고 산책을 즐깁니다. 바람난 여인의 옷고름마냥 성문은 풀어져 있고, 오랜 세월 밖을 응시하며 견뎌온 성벽은 늙은 병졸처럼 지쳐 보입니다. 한번 박힌 후 풀려나기를 단념한 돌들은 더 이상 완고한 긴장감을 얘기하지 않습니다.

그러나 전하, 통촉하소서. 예나 지금이나 보이지 않는 적이 두렵고 밖의 적보다 안의 적이 두려운 법인데, 서울 쪽에서 오는 협상 소식은 바람과 같습니다. 겨울엔 삭풍같이 사납더니 해동解凍하자 봄바람같이 스미어 옵니다. 바람에 몸을 숨긴 적을 식별해 내긴 쉽지 않습니다. 이미 적은 무덤덤한 성벽을 넘어 산성마을에 들어와 있는지도 모르겠습니다. 연합군처럼 마을을 점령하고 닭을 잡고 오리를 잡아 왁자지껄 술에 밥에 흥을 돋우는 상춘객 가슴마다 적들은 똬리를 틀고 앉아 속을 갉아먹고 있을 것입니다. 적들이 지나간 자리마다 낟알은커녕 쭉정이 하나 남지 않을 것이 불 보듯 환한 일인데, 다 내주는 것이 살 길이라 하시니……. 교활한 적들을 막기에 성은 너무 낡았고, 기댈 곳을 잃고 백성들은 망연 또 망연할 따름입니다.

* 상당산성 : 청주 동쪽 산성동에 있는 조선시대 석축 산성으로 청주 시민들의 유원지 역할을 하고 있다.
* 대한민국 정부는 미국을 상대로 2006년 2월부터 자유무역협정을 체결을 추진했다. 대다수 국민들, 특히 농민들이 반대했던 이 협정은 8차의 협상 끝에 2007년 4월 타결됐다.

겨울 해 지고

—고 이기중에게 부침

겨울 해 지고
아무 일 없듯이 이승에 다시 저녁이 오고
아내와 어린 것들과 밥상에 둘러앉아
밥을 먹으며 그대 애길 합니다.
동치미처럼 맑은 얼굴과 시원한 목소리,
국그릇처럼 뜨거웠던 열정,
아 살아서는 내려놓을 수 없었던 숟가락의 무게…….

겨울 해가 짧다 해도
때로 노을이 제법 장해서 넋을 빼앗기도 하던데
급한 볼일을 잊고 있었던 사람처럼
간다 하는 말도 없이 그대는 떠나고
두런두런 이승의 밤이 깊어 갑니다.

하찮은 술자리에서도 먼저 일어서는 법 없는 사람이
서둘러 갈 때는 그만한 사정이 있겠지만
그렇게 간 것처럼 한번쯤 돌아오기도 할는지요.
꿈으로나마 돌아와
지금까진 연극이었다고, 나 진짜 간다고
겁주며 한번 웃어주기도 하려는지요.

세상사 하도 어수선하고 뒤숭숭하여
겨울 해같이 꿈도 짧아진 마당에
그대 왔다 가는 줄도 모르고
나는 잠을 깨고 말 터인데,
다시 눈 비비며 아침 밥상을 차리고
그대 얘길 하며 밥을 먹는 날 며칠이나 될까요.

* 이기중 : 충북 음성 사람이다. 청주에서 연극배우로 살다가 우울증에 붙들려 시달리던 끝에 2007년 1월 이승을 버렸다.

금빛 웃음

유치원 가방을 멘 아이 손을 잡고
할머니 느릿느릿 걸어간다.

아이가 급한 기색을 보이자
서슴없이 길섶에 앉혀 똥을 누이고

찹쌀떡처럼 하얀 엉덩이를 괜히 한번 찰싹 때리고는
바지춤을 여며주며 함빡 웃는데

오래된 금니 하나
아침햇살에 반짝 빛났다.

새벽

감기 들겠다고
감기 들겠다고
자꾸 이불을 끌어 덮어주며
괜한 걱정으로 잠을 설치는
마흔 살 아버지.

그까짓 게 뭐 대수냐고
이 세상 그 무엇도 나를 덮을 수 없다고
잠 속에서도 막무가내 발길질을 해대며
끝내 이불을 걷어차 버리는
일곱 살 아들.

봄소식

아침 식전부터 통장 아줌마가 찾아와
딸아이 취학통지서를 전하고 갔다.

- 학교에서 연락이 왔네.
  우리 딸 여덟 살 된 걸 어떻게 알았을까?

잠이 덜 깬 딸아이
갑자기 눈이 전등같이 커지고

- 오빠가 말했어?
- ……?

사학년 되는 아들 녀석도
잠이 확 달아난 듯 눈이 동그랗게 커지고

안부安否

꿈에 아버지가 보였다고, 별일 없냐고
누이가 어제 전화를 했다.

나는 어젯밤에 염소꿈을 꾸었는데
너른 풀밭에서 혼자 풀을 뜯는
염소를 보았는데, 누구에게 전화를 해야 하나.

에라 모르겠다, 꿈보다 해몽이라는데
염소나 양이나 그놈이 그놈,
멀리 부산 사는 누이가 양띠였지.
불우했던 지난날 하얗게 덮어 두고
마흔 넘어 혼자 사는 하얀 누이.

설이나 추석에만 한 번씩 다녀가는
누이한테 전화하면 되겠다.

열대야

참 무더웠지, 그 밤.
첫 아이를 낳던 그해 팔월
병원 입원실에서 녀석을 처음 만나던 날
산모가 누운 온돌방, 말도 못 하게 더웠지.

몸을 푼 아내 옆에
눈도 못 뜬 핏덩이를 뉘어놓고
이것이 잠을 자는 건가 깨어 있는 건가
꽤나 더울 텐데 어째야 하나
손부채를 부쳐보다가 탈이라도 날까 그만두었다가
모로 누워 들여다보다가 잠을 청해보다가

이 뜨거운 것이 정녕
나에게서 비롯됐단 말인가.
헤아릴 수 없는 상념想念은 좀처럼 식을 줄 몰라서
뜬눈으로 새다시피 했던 그 밤.

웅크리고 자는 아들을 바라보며

젖먹이를 맡기고 일 나간 엄마가
남몰래 젖을 짜 버리며 수없이 울었다는,
그런 얘기를 알 리도 없으련만

엄마 품에서 꿀보다 달던 입맛을 못 잊어서
눈물과 함께 흘려보낸 젖을 놓치지 않으려고

젖니도 다 갈고 난 열두 살 아침 단잠에도
태아처럼 웅크리고 꿈을 붙드는 모양인가.

가족사진

아버지 칠순 기념으로 삼대三代가 함께 모여 처음 찍은 가족사진.
어른 두 분 앞에 앉고 아이들 앞세우고 삼형제 내외 둘러선 가족사진.
따로따로 살면서 가끔 와글와글 하나가 되는 가족사진.

출근할 때마다 물끄러미 내다보는 가족사진.
하루 종일 빈집을 지키는 가족사진.
외출해서는 한 번도 생각 안 나는 가족사진.
저녁에 돌아와 문을 열면 제일 먼저 눈인사를 하는 가족사진.
불을 끄고 모두 자는 밤에도 잠들지 않고 집을 지키는 가족사진.

가슴에 담아둔 말은 많아도 다 못 하고 입을 꾹 다문 가족사진.
그런 마음 서로 알고 있다는 듯 희미하게 미소 짓는 가족사진.
시집갔다 돌아와 혼자 사는 누이는 없는 가족사진.
바라보고 있으면 돌아가신 엄마가 생각나는 가족사진.

힘이 되기도 하고 슬픔이 되기도 하는 가족사진.
옆집에도 한 장쯤은 있을 것 같은 가족사진.

밀례

어머니를 무너뜨린 건 폐암이었다.

모셔갑니다, 그러거나 말거나 처음부터 무관하다는 듯 산신山神은 대꾸가 없었다. 환갑을 못 채우고 죽었어도 어머니는 가지런했다. 살아서 뼛골 빠지게 몸을 굴렸건만, 지칠 줄 모르는 뼈들은 흩어지지 않고 모여서 웅성거리고 있었다. 새 관棺에 새 칠성판 깔고 구름같이 가벼운 골격을 옮겨 담았다. 그러거나 말거나 이젠 무관하다는 듯 어머니는 말이 없었다. 비좁은 내 차에 싣고 관에 기대 앉아 가는 길. 팔꿈치 걸친 곳이 무릎쯤 될까, 의지할 곳이 생기자 졸음이 쏟아지고 허기가 돌고 방귀도 뿡뿡 나왔다. 한때는 숨 막히는 삶의 무게를 지탱했던 이력 있는 뼈대이니, 몸을 기대오는 새끼가 기특해 젖무덤 근처가 근질근질하겠다 싶다가, 어쩌면 제법 중늙은이 티가 나는 아들놈 징그럽다며 손사래를 치겠다 싶기도 했다. 삶과 죽음이 한데 엉켜 안양에서 청주까지, 그 빗길을 오그리고 달리며 이따금 웃음이 나고 그때마다 폐가 아파왔다.

* 밀례 : 이장移葬의 다른 말. 본딧말은 면례緬禮이다.

물난리 이야기

내가 중학교 2학년 되던 해 여름에 고향 보은에 물난리가 났다. 동구 밖 하천 물이 범람하여 산기슭 마을 앞까지 올라왔다. 내 평생 이런 큰물은 처음 보았다고, 동네 팔순 노인은 혀를 내둘렀다. 그러나 논을 뒤덮었던 물은 철없는 불량배들처럼 이내 우르르 빠져나갔고, 머지않아 그 난리는 옛날얘기가 되었다.

그때 물에 잠겨 혼절했다가 겨우 깨어난 나락들처럼, 땟국에 절고 마른버짐 희끗하던 나도 세상에 나와 견디는 동안 하릴없이 나잇살이나 먹게 되었는데, 되잖게 산을 뚫어 물길을 내고 배를 끌고 산을 넘어가게 된다는 말을 들었다.

옛날 그 노인이 지금 살았으면 100살이 넘었을 텐데, 아마 이 말을 들었다면 그게 무슨 귀신 씨나락 까먹는 소리냐고, 내 평생 이런 황당한 소린 처음 듣는다고 입을 다물지도 못하고 더 벌리지도 못하고 어이어이 했을 텐데, 나는 나이 갓 마흔을 넘기고 그런 해괴한 소릴 듣게 되었으니 이게 복인지 탈인지 몰라서 웃음도 울음도 마땅찮은 것이다.

낙동강 국밥

낙동강 순례에 나섰다가
뙤약볕에 앉아 국밥을 먹는다.

상주 보洑를 막는 공사현장을 멀리 바라보며
어른도 한 대접, 같이 온 아이들도 한 대접
반찬으로 김치 하나 놓고
땀 흘리며 후룩후룩 먹는다.

지금쯤이면 청와대에서도 밥 먹을 시간,
강바닥을 파는 포클레인 기사도 밥을 먹을 것인데
땀방울로 간을 해가며
목메는 밥을 먹어보니 새삼 알겠다.

내가 밥을 먹어야 목숨을 이어가듯이
굽이굽이 창자에 밥이 흘러가야 몸을 일으켜 세우듯이
강물도 저 생긴 대로 막힘없이 흘러야 한다는 것을.

내 피가 멀리 강으로부터 여기까지 흘러왔거니
강물을 마시고 자란 알곡들이 내 몸속으로 흘러가며
두근두근 더운 피를 깨워 끌고 간다는 것을.

포클레인 삽날이 헤집어놓은 국토의 내장內臟을 바라보며
뜨거운 밥을 먹어보니 알겠다.

발문

마흔의 강을 건너는 강아지풀의 투덜거림

정민
충북대 강사

동쪽으로 조금 틀어진 남향집, 서너 평 방의 창으로 봄볕이 비친다. 오월인데도 바람의 도시답게 나뭇가지들은 쌀쌀하게 흔들리고 있지만, 방바닥에 비스듬히 내려앉은 볕은 빛과 바람의 그림자인 듯 투명하고 조용히 일렁인다. 남쪽으로 약간 틀어진 동쪽의 벽 앞에는 컴퓨터 화면이 하얗고 표정 없이 서 있다. 자판 소리는 들리지 않는다.

'참 꿈만 같구나!'

허공에 떠 있는 먼지를 세기라도 하듯 방에 들어온 볕을 보며 의자에 앉아 있던 J가 구부렸던 등을 펴고 일어선다. 바다, 며칠 전보다 한결 선명하고 짙어진 쪽빛이다. 황해黃海. 잠깐이겠거니 하고 건너왔던 바다, 2년이 훌쩍 지나갔다. 동쪽으로 가면 인천이나 평택 어디쯤 닿을 것이다. 쪽빛의 황해라, 밑도 끝도 없이 부질없는 생각이다.

겨울 동안 바다는 탁하고 짙은 안개의 무채색이다. 여름으로 갈수록 바다의 채도와 명도는 높아질 것이다. 덩달아 아이들이 내복을 벗는 유월부터 구월까지 바다는 사람들의 한가하고 유쾌한 놀이터가 될 것이다.

J는 작년에 이어 올 여름에도 바다가 주는 여유로운 호사를 누릴 수 있기를 은근히 기대하고 있다. 살갗을 파고들 것 같은 땡볕의 강렬함이 한풀 꺾일 무렵 차가운 맥주 몇 통에 책 한 권 달랑거리며 게으르게 걸어 나가서 어둠과 함께 피곤이 무르익을 때까지 바다에서 빈둥거리는 것이다. 그 빈둥거림은 바라보는 이가 하품을 할 만큼 단순하고 느리다.

그러나 J는 안다. 그것은 파도와 모래 사이에서 일렁이는 간지럼처럼 유치하며, 짧은 꿈처럼 한 생을 함축하는 나른하고 가벼운, 조금은 외로운 시간이라는 것을. 또 그것은 언제 그런 때가 있었던가 하고 아련히 떠올려보게 될 한 순간 세월이 될 것임을, 그 얼룩의 현을 나지막이 튕기며 졸음에 겨워할 때가 있을 것임을.

J는 쪽빛 너머 동쪽에 있을 몇 사람을 떠올려 본다. 그들과 함께 여름 한철을 게으르게 빈둥거렸으면 좋겠다고 생각하다가, 이내 그 생각이 흩어지기를 기다린다. 생각이 놀다 간 모래밭에 밀물이 들어오면서 손가락으로 쓴 이름들이 지워진다. usiin이라는 글자가 흩어지고 있다.

백마 한 마리

작년 시월 J는 바다 건너 한국에 갔었다. 다른 볼일이 있었지만 마침 가는 곳이 청주여서 오후 한때 짬을 내어 류정환을 만났다. 헤어지며 시인은 평소 안 피우는 담배를 청했다. 인사말처럼 "참, 꿈만 같구나!" 하고는 연기를 길게 내뿜었다. 그들은 해거름 속으로 담배연기처럼 흩어졌고, 벌써 두 계절이 지났다.

청주에 가기 한 달 전쯤 J는 시인으로부터 짧은 메일을 받았는데, 새로 시집을 내려는데 발문을 부탁한다는 내용이었다. J는 전부터 언젠가 한번은 이 시인과 시에 대해서 글을 써 보고 싶은 마음을 갖고 있던 참이었다. 그러나 J는 쉽게 결정을 하지 못했다. 3, 4일이 지나서야 써 보겠노라고 답신했지만, J는 시집의 발문이라는 것에 부담을 느꼈다.

정한 기한도 없고 급할 것도 없다는 단서가 있어서 2, 3개월이면 쓸 수 있겠거니 한 것이 두 철이나 넘겨버린 것이다. 그 동안 시인은 이것에 대해 한 마디 말도 안 했지만, J는 기다리는 시인이나 기다리게 한 자신이나 참 '거시기하다'고 생각하며 담뱃갑을 집어 든다.

짧은 단꿈 같았던 그날, 담배 한 개비 탈 만큼의 해질녘 속에서 J는 시인에게 백마를 보았느냐고 짧게 물었다.

인적 없는 새벽길, 홀연 가로등 아래로 달려가던 백마白馬

한 마리. 아, 그 빛나던 갈기며 파도처럼 일렁이던 야생의 등……. 저것이 어디서 나타나 어디로 가는가, 저 등에 올라타면 어딘가 꿈꾸던 세상으로 훌쩍 넘어가겠다 싶었는데, 취한 걸음이 눈 속에 묻혀 비칠거리는 동안 백마는 바람이 몰려간 쪽으로 이내 자취를 감추고, 터벅터벅 연탄불 꺼져가는 자취방으로 돌아가 쓰러지고 말았는데.

잠은 길었다. 곤궁한 잠의 세월 속에 단꿈은 언제나 짧았으나 백마와 한 몸이 되어 바람을 가르던 광야廣野의 기억엔 전설처럼 온기溫氣가 남아 눈 오는 밤이면 귓전에 말발굽 소리 하얗게 흩날리곤 하였다. 철없는 와중에 바퀴를 앞세워 연명하는 족속이 되어서 먼 고장 첫눈 소식에도 지레 앞길 걱정부터 닦는 아침에는, 그날 밤 백마를 따라갔더라면 문학이든 삶이든 지름길을 만나 이토록 군색한 됨됨이는 면했을 텐데, 그런 하염없는 미련으로 헛헛한 속을 달래보는 것이다.

—「백마白馬를 추억함」 부분

이십대 초반의 J는 지금 같은 대학의 다른 문학 동아리의 시전 뒤풀이도 끝나고 모두 흩어졌는데, 한 선배를 따라 어딘가로 가고 있다. 제법 비틀거린다. 도시 외곽의 허름한 집, 여러 방들 가운데 하나로 들어간다. 한 남자가 그들을 맞이했는데……. 소주를 사이에 두었던가, 시에 대해서 얘기했던가? 기억은 장마에 돌 몇이 떠내려 간 징검다리 모양이다.

얘기를 하다 말고 화가 났는지 J가 독설을 내뿜듯 다시는 만날 일 없겠노라고, 가겠다고, 안녕히 계시라고 무척 단호히(?) 비틀거리며 나온다. 그 남자는 화를 내지도 목소리를 높이지도 않고, 그러냐며, 그러라며 배웅한다.

찬바람이 훅 담배연기를 몰고 들어온다. 20년이 다 되어 간다. 기억이 맞는다면 J와 시인과의 첫 만남이다. J는 대학에 입학하고, 시인은 졸업하고 두어 계절이 지난 때였다. 자정 가까운 시각, 연탄불이 피어 있었으리라. 시인에게 J를 안내한 사람은 나중에 시인의 아내가 되었다. 그때 시인은 직장인이었고, 졸업을 앞둔 한 해에만 100편이 넘는 시를 쓰면서 "연탄불 꺼져 가는 자취방으로 돌아가"면서 "백마"를 본 터였고, J는 삐딱하고 혈기 왕성한, 시나 삶에서 모두 풋내기였다.

창문을 닫고 돌아와 앉아서 J는 지긋이 부끄러운 웃음을 짓고 시인이 백마를 보았음직한 풍경을 떠올려 본다. 도서관 앞 큰길, 동아리방 가는 할딱고개, 탈마당, 잔디밭, 참나무숲 등. 정녕 '(시의) 백마'를 보았단 말인가? 백마를 타고 가지 못한 아쉬움을 달래며 허공에 던졌던 지난 가을 저녁의 시인의 눈길을 더듬어본다.

시인은 백마에 대해서 별 말이 없었다. 아—, 잠깐이었다고만. 굳이 대답을 듣고자 한 것은 아니었지만 그래도 J는 좀 아쉬웠다.

20년 가까운 시간 동안의 숱한 만남 속에서 시와 관련해서 시인이 J에게 한 말은 시를 계속 쓰라는 것이었다. J는 시인에게 시가 어떻다느니 시를 어떻게 써야 한다느니 따위의, 말하자면 시론을 들어본 적이 없다. J는 시인이 남의 시에 대해서도 무척이나 말을 아꼈고 간혹 하는 한두 마디도 무척 조심스러워했던 것으로 기억한다. J가 닭을 토막 내듯 칼질하는 글쓰기가 싫다고 말했을 때도 시인은 그러냐고, 그러면 쓰고 싶은 글을 쓰라고 한 것이 전부였다. J는 언젠가 시인이 당시의 비평글에 대해서 판박이처럼 틀에 찍어내는 것 같다고 했을 때를 가장 자세한 평을 한 것으로 기억한다.

그렇다. 시인은 광야를 질주하는 백마의 온기를 느끼는 한 오직 시를 쓸 뿐인 것이다.

투덜이

고두미, usiin, 투덜이. 시인의 별칭들이다. 고두미는 단재 선생이 어린 시절을 보냈던 마을 이름이면서 시인이 밥벌이로 삼고 있는 출판사의 이름이고, usiin은 말 그대로 유씨 성을 가진 시인인 자신을 가리키는 말일 텐데, 투덜이는 뭘까?

J는 아직까지 시인이 투덜대는 모습을 본 적이 없다. 시인은 말을 하기보다 들어주는 사람이었고, 술병과 함께 모두 쓰러진 새벽이라도 혼자 조용히 흐트러진 자리를 치우는 사람이었고, 무슨 일을 할 때도 앞에서 계획하고 진행하기보다는 뒤치다꺼리하고 청소하고 보조하는 그림자 같은 사람이었다. 지금까지 J가 읽어 온 시인의 시들도 세상에 대한 통렬

한 비판보다는 자신을 들여다보며 자신에게 묻은 먼지를 털어내려는, 그것도 몇 번이고 생각하고 고치고 아끼고 아낀 끝에 한 자씩 눌러 쓴 서정의 언어였다.

뭘까, 시인도 속으로는 끊임없이 투덜대는 사람인 걸까?

투덜댄다는 것은 이성으로 판단하여 가치를 따져 비판하는 것도 아니고, 북받치도록 감정이 격렬하게 요동치는 상황에서 하는 행위도 아니다. 또한 자기와 맞지 않는 의견에 정확히 반대의사를 표현하는 것도 아니다. 그것은 어떤 의견이나 상황이 못마땅하여 한순간 불평하는 것에 불과하다. 그 불평도 딱히 대상이 있지 않으며, 대개는 안 하는 것만 못하다. 투덜거림은 앞뒤 상황을 무시하고, 책임을 회피하는 말이다.

이와 같다면, 대상을 오랫동안 자세히 관찰하고 그에 가장 알맞은 언어를 찾으려고 고투하는 시인과 투덜이의 연관 관계를 J는 쉽게 납득하지 못하는 것이다.

반어의 표현일까?

시인이 투덜대는 것이라고 한다면 “그날 밤 백마를 따라갔더라면…… 이토록 군색한 됨됨이는 면했을 텐데”일 것이라고 생각하며 J는, 으 하고 기지개를 크게 켠다. 그러다 갑자기 손맛을 느낀 낚시꾼처럼 자세를 가다듬는다. 전에 한국에서 종종 어울리던 사람에게 들은 얘기가 낚시 바늘을 물었기 때문이다.

이야기인 즉, 당당이라는 소설가의 출판기념회를 겸한 조

출한 술자리였던 모양이다. 시인은 전작이 있어 얼근했던 모양이고, 분위기가 무르익으니 다른 사람보다 좀 빨리 취기가 올랐던가 보다. 마침 안주로 삼겹살을 구웠는데 옆에 있던 애추라는 동화작가가 삼겹살을 두 점 집어 쌈을 싸더란다. 이걸 본 시인이 참지 못하고 "왜 한 번에 두 점씩 먹는 거요!" 하고 시비를 걸었다나? 한 사람은 불판 위에 고기도 많고 고기 한 점이 너무 적어 두 점 집었을 뿐인데 한 사람은 다짜고짜 한 점씩만 먹으라고 내내 시비를 건 것이다. 삼겹살 두 점 때문에 시비를 건 사람이나 시비를 당한 사람이나 하하하 통쾌하게 웃었고, 이야기를 듣던 J도 "삼겹살에 시비 걸 만했네요." 하고 덩달아 한바탕 유쾌하였다.

유쾌한 기분을 천천히 차를 마시듯 음미하다가 J는 시의 한 구절로 집중한다. "바퀴로 연명하는 족속이 되어"를 읽고 다시 읽다가 '투덜이 맞다!'하고 숨을 깊이 들이쉰다. 이제부터는 시인을 투덜이로 불러보자고 마음먹는다.

투덜이는 백마를 따라 가지 못하고 바퀴로 연명하는 족속이 된 자신의 신세를 투덜댄다. 투덜이는 어디가 아픈데 어디가 아픈 줄 모르겠다고 투덜댄다. 천 년 동안의 사랑을 가늠해보며 그리움의 통증도 없이 천 년을 오간다고 투덜댄다. 눈앞에 보는 것도 믿기 어려운 세상이 꿈속같이 허전하다고 투덜댄다. 소비를 부추기는 요즘 세태 때문에 자기 몸도 병나고 같잖은 병치레에 애꿎은 목숨들이 욕을 보는가 싶어 부아가 치민다고 투덜댄다. 매일 사람 보며 사는데 사람 하나

제대로 못 그린다고 투덜댄다. 투덜댄다. 투덜댄다.

먹는 일이 지옥의 일이었구나.
살아서는 마칠 수 없는 형벌이었구나.

제 살을 씹는 줄도 모르고
입을 놀리며 살아온 세월이
이리도 끔찍하게 아프다.

—「혀를 깨물다」 부분

그 강아지처럼, 나는 살아왔구나.
어둠 속에 홀로 남게 될까봐 항상 두려웠고
집에 먹을 것이 떨어질까 조바심을 한 것이 삶의 전부였으니

그렇게 일생을 산 것들이 죽어서는 강아지풀이 되는가.
돌보는 이 없어도 방금 세수를 마친 얼굴로
콧노래를 부르듯 흔들거리며
대수롭지 않은 생애를 기꺼워하는
강아지풀의 아침이, 나는 몹시도 부러운 것이다.

—「우리 집 강아지」 부분

투덜이의 아내는 일찍이 투덜이가 밥을 복스럽게 먹는다고 썼다. 투덜이는 종종 밥과 밥벌이에 대해 얘기해 왔다. 거

기에 첫 시집인『검은 밥에 관한 고백』의 제목이 밥을 담고 있는 것으로 보아 지금까지 그의 사유에서 밥이 갖는 진폭이 얼마나 큰지 짐작할 만하다.

J는 투덜이가 '투덜거린' 문장을 본다. 두려움과 조바심으로 지내 온, 살아서는 마칠 수 없는 지옥에서의 세월이라고 '투덜거리며 아픈' 문장을 본다. 투덜이는 지난 번 시집에서 가장으로서 가장 큰 밥그릇을 차지한 자신을 씁쓸하게 바라보았었다. 아마 지금도 다르지 않으리라. 투덜이는 언젠가 J에게, 산에 가는 것을 좋아하는 자신에게 아내가 등산용 겉옷을 사주었는데, 아내를 보아서 입기는 하지만 자신의 잣대로 너무 비싼 것이어서 못내 민망한 마음을 비쳤었다.

J는 기억의 한 켠에서 투덜이가 이따금 진지하게 말했던 '밥-벌이'란 말을 끄집어낸다. 밥 뜸 드는 냄새와 아버지의 구멍 난 런닝구와 '아빠 밥 먹어' 소리가 겹친다. 영화「시」에서 할머니는 손자 입에 밥숟가락 들어가는 것이 제일 좋다고 했다. 눈물겹도록 진실하고 아름다운 말이다, '밥-벌이', 마음이 짠하다.

J는 두 해 전 5개월 정도를 가족과 떨어져 혼자 생활한 적이 있다. 고요하고 자유롭고 평화로웠다. 두 달쯤 지나자 하루 세 끼 챙겨먹는 일이 귀찮아졌고 지겨워졌다가 두려워졌다. 그리고 마침내 밥으로 이루어지는 일상의 중요함을 새삼 깨닫고, 한평생 밥을 짓고 있는 자신의 어머니의 지난한 세월을 생각하며 숙연해졌던 것이다.

투덜이의 투덜거림은 밥에 대한 성찰에서 시작되었다고

할 수 있다. 그것은 자못 엄숙하고, 때론 절망스러우리만큼 비극적 목소리를 띠기도 한다. 한 그릇의 밥에 들어 있는 노동을 생각할 때, 밥을 벌고 지어야만 살아갈 수 있는 인간 생존의 한계와 누군가의 지난한 생애를 생각할 때 어찌 그러하지 않겠는가?

밥에서 비롯한 투덜이의 투덜거림은 인간과 문명으로 이어진다.

J는 전에 투덜이를 포함하여 선후배 예닐곱 명과 일주일에 한 번씩 책 읽는 모임을 가진 적이 있었다. 책도 읽고 술도 마시고, 임도 보고 뽕도 따고 마당 쓸고 돈도 줍는 1타 4피의 썩 불온한(?) 모임이었다.

지금까지도 J는 투덜이의 독서에 관해서는 잡식일 것이라고 짐작만 할 뿐 아는 게 거의 없다. J가 얼핏 기억하기로 당시 투덜이가 읽던 책으로는 아메리카 인디언 추장들의 연설문 모음집, 『제3의 침팬지』, 『The Road』 등속이 있다. 그리고 모임에서 이반 일리히의 책 여섯 권을 같이 읽었는데, J와 투덜이는 번역이 엉망이라고 같이 투덜거렸다. 그리고 투덜이는 자신이 읽었던 『엔트로피』를 J에게 갖다 주면서 읽기를 권했다. 그러한 책들을 읽으며 J는 투덜이가 자전거 타고 출근하며 즐거워하는 이유를 짐작하였다.

투덜이의 투덜거림은 자신, 인간 존재의 비극성, 인간과 문명 이기의 부정한 이면을 오랫동안 응시한 결과물이다. 그 투덜거림이 안 하느니만 못한 불평으로 천박해지지 않고 시의 언어로 아름다워지는 것은 아마도 제 살을 씹는 아픔을 견디며 몸으로 짠 언어이기 때문이리라.

세월 - 꿈

그때 시인의 나이 마흔이 갓 넘었을 것이다. 상하이上海 루쉰魯迅공원에서 허름한 사내가 시멘트 바닥에 물글씨 쓰는 것을 물끄러미 바라보다가 "꿈같이 지나온 내 지난날도 저렇게 흩어지리. 저렇게 지워지리." 중얼거렸을 때가. 시인이 3, 4년 후면 오십의 강가에 닿을 것이다. 시인과 J를 포함한 5명이 루쉰의 흔적을 찾아 중국의 이름난 술 가운데 하나라는 샤오싱紹興 황주 맛보러 40도를 오르내리는 땡볕에 서너 시간을 걸어다니던 때가 4, 5년 전이니, 나이 셈이 얼추 맞으리라.

마흔의 강가에서 시인의 발목도 꿈과 세월이라는 말에 젖었을까? 인생에서 이맘때가 되면 누구나 저러한 언어를 체감하게 되는 것인가?

여기서의 꿈은 희망, 목표, 욕망, 아직, 앞으로 따위의 말들보다는 순간, 지금, 벌써, 아쉬움, 바라봄, 없음 따위의 말들과 나란히 서 있다. 그리고 우리가 세월이라 할 때 그것은 아직 오지 않은 것이기보다는 지나온 것이기 쉽고, 큰 뭉텅이의 시간을 지나 온 사람이나 오랫동안 그것을 자세하게 바라보고 쓰다듬어 온 사람에게서나 나올 만한 이야깃거리다. 그렇다면 이때의 꿈과 세월은 머리로 공부한 언어라기보다는 몸으로 익힌 언어 쪽에 더 무게가 실려 있다고 할 수 있다.

세월이라는 것은 꼭 시간만을 가리키지는 않는다. 그것에 대해 말하려면 시간과 함께 공간을 빼놓을 수 없으니 크게 보자면 우주에 관한 사유가 필요하고, 그 시간과 공간을 채우고 있는 것이 곧 세상에 생명 있고 없는 모든 물질이고, 그것을 인식하면서 관계하는 주체가 곧 '나'이니 세월에 대한 이야기는 곧 '나'의 삶에 대한 이야기라고 할 수 있다.

생각해보면 죽음과 함께 삶도 "깊이를 알 수 없는 강"이다. "그 흔들리지 않는 침묵"은 우리에게 "현기증"을 일으키고 두려움에 떨게 한다. 그러나 현기증과 두려움에 사로잡혀 살 수만은 없기에 우리는 한때 왕성한 혈기를 가지고 서툴더라도 삶의 바다로 뛰어들어 그 물살을 헤치고 다닌다. "움직이지 않는 (아버지의) 뿌리"를 거부하면서 바람이 되려고 좌충우돌 안간힘을 다하는 것이다. 그 시간을 청춘, 열정, 치열, 불, 안개, 방황, 객기, 치기, 서투름, 시행착오 같은 말들이 대변해 줄 수 있을 것이다. 그 시절의 언어는 뜨겁고 차갑고 거칠고 날카롭고 팽팽하고 빠르고 짙고 비리고 팔딱거린다. 날것의 생생함으로 가득 차 있는 상처투성이 함성이다.

세월은 때로 죽음을 체험함으로써 인식된다. 세월은 죽음에 닿아 있다. 그것은 고요하고 투명하게 살아 있는 죽음의 언어다. 가끔은 꿈에 비유되는 삶의 언어다. 세월이라는 언어는 말하여지면서 곧 사라지지만 느낌은 남는다. 다른 느낌들이 덧입혀지면서 이전의 느낌들은 닳는다. 닳고 단 느낌들이 얼룩지고, 그 얼룩이 울림을 만든다. 얼룩과 울림은 세월의 한 특징이다. 삶이 죽어서 얼룩지고 죽음의 얼룩이 산 사람의 가슴을 울리는 것이다. 그러므로 죽음을 인식한 자만이 세월을 중얼거린다.

그러나 우리가 아무리 이러쿵저러쿵 말하여도 곧바로 '진정 그러한가'라고 물으면 침묵으로밖에 답할 수 없는 것이 세월이다. 느낄 수는 있지만 알 수는 없는 것, 말할 수는 있지만 말하고는 곧 침묵해야 하는 것.

시인은 어미를 잃은 강아지처럼 "어둠 속에 홀로 남게 될까봐 두려워"하며 "먹을 것이 떨어질까 봐 조바심"치며 살다가 아마도 묵묘 앞에서처럼 완고한 세월을 보며, 때로는 채석강에서처럼 "주술에 걸린 세월"의 주술에 걸려 오도 가도 못하면서, 루쉰공원에서처럼 중얼거리며 마흔의 강을 건너는 것이리라.

칼국수 체질 혹은 결벽

J는 전에 류정환 시를 '쉽고 불편한 시'라고 몇 번 말했다. 그리고 형이라 부르며 친하게 대하면서도 마음 한 구석에는 쉽게 대하지 못하는 어려움을 느껴오고 있다. J는 불편함과 어려움의 정체를 시를 읽으며 어렴풋이 짐작한다.

> 이렇게 맑은 날엔
> 누구도 죄짓지 못하겠다.

목청만 조금 높여도
터져 쏟아질 듯한 하늘엔
구름도 한 점 발을 들여놓지 못하고
새들조차 뒷길로 돌아가는가,
그림자 하나 없이 고요하다.

늦잠 잔 것도 한없이 미안한,
이렇게 맑은 날엔
누구도 사람을 미워하지 못하겠다.
멀리 계신 홀아버지 어깨 결림에 마음이 쓰이고
오래 소식 없는 친구의 안부가 궁금하고
새끼손톱보다 작은 풀꽃과 그보다 작은
개미들의 생애에도 눈길이 머물고
새들조차 밥 굶는 이웃을 생각하는가,
찧고 까불길 삼가는 날.

오늘 죄짓고는
내일을 기약하지 못하겠다.

—「맑은 날」 전문[1)]

심수영은 한 글에서 류정환 시인의 '특이 체질'을 언급하였다. 류 시인은 시를 쓸 때만큼은 컴퓨터를 버리고 종이와

---

1) 『검은 밥에 관한 고백』, 고두미, 2004, 25~26쪽.

펜을 준비하여 온 마음이 사무치도록 한 글자 한 글자 정성을 들여 쓴다고 했다. 이런 시 쓰기 자세와 영혼의 무늬가 담긴 류 시인의 시를, 패스트푸드를 먹으면 영락없이 체하고 마는 체질에 비유하였다.

칼국수가 생각난다. 시인과 J는 종종 점심으로 칼국수를 같이 먹었다. 비라도 오시는 날이면 열에 아홉은 칼국수를 먹었고 막걸리를 한잔 곁들였다. 류정환 시인은 칼국수 체질일 것이다.

칼국수는 소박한 음식이다. 류정환 시인이 맛있다고 하는 칼국수집은 감자나 호박 정도만 들어가고 밀가루 냄새가 큼큼히 맡아지는 곳이다. 방이고 마루고 할 것 없이 불편해도 상에 어울려 먹으면 마냥 즐겁다. 양푼이나 항아리에 푹푹 퍼 담는 인심이 넉넉하니 맛도 정들 수밖에 없다.

그런데 요즘은 칼국수 앞에 무슨 무슨 수식어가 붙는 게 유행인가 보다. 이름도 간판만큼이나 요란스럽고 맛이나 모양새가 다양하고 화려하다. 칼국수보다는 다른 재료가 더 많아서 이것을 칼국수라 불러야 하는지 의심스럽다. 칼국수 본래의 맛을 느낄 수 없을뿐더러 자주 가기도 부담스럽다.

J는 류정환 시인의 '특이 체질'을 결벽이란 단어와 연결 지어 본다. 마주쳐 소리를 내는 손바닥 같다.

시인의 자동차나 사무실이 항상 깔끔하게 잘 정돈되어 있는 것이 그것들과 그리 무관하지는 않을 것이다. 특이 체질이나 결벽성은 모두 거부와 저항의 의미를 포함하고 있다. 거부와 저항은 무엇을 지키려는 의지의 표현이다.

류정환 시인에게 거부와 저항의 대상은 자신의 '죄'이다. 시인이 지키려고 하는 것은 '맑음'이다. 맑음과 결벽이란 단어는 쉽게 연결된다. 시인은 남을 비판하고 싸우기보다는 '투덜이답게' 자신의 늦잠 잔 것을 한없이 미안해하고, 밥 굶는 이웃들을 생각하며, 저 맑음이 깨지지 않도록 찧고 까불길 삼간다. J는 이 '삼감'의 태도에서 그 무엇, 그 누구와도 타협하지 않겠다는 단호하고 고결한 정신을 느낀다. 그 정신이 J의 가슴을 찌른다.

강아지풀

그러나 J는 가슴에 통증을 느끼면서도 시에서 느끼는 불편함과 시인에 대한 어려움의 정체가 다 밝혀지지 않은 느낌을 받는다. 칼국수에 결벽과 다른 무엇이 있음을 직감한다. 칼국수는 부드럽고 훈훈하다. 결벽은 왠지 딱딱하고 날카롭다. 결벽은 무겁고 칼국수는 가볍다. 칼국수는 먹는 것이다. 가벼운 삶이 즐겁다.

류정환 시인의 결벽성은 자신에게는 잘 벼려진 칼이지만 이웃에게는 따뜻한 보살핌의 손길이 된다. 시인의 말수 적음은 정신을 맑은 하늘처럼 투명하게 닦으려는 힘겨운 싸움이면서 고만고만한 살림을 살아가는 이웃들에게 드리우는 애정의 표현방법이다. 싸움이 직선이라면 애정은 곡선이다. 나무는 곧고 산은 부드럽다. 산이 나무를 안는다. 어쩌면 시인은 산이 되고 싶은 것이다.

> 낼모레면 새해라고 안팎으로 야단인데
> 오늘은 오른쪽에서 왼쪽으로 종종걸음을 걷는 여자.
> 왼쪽도 그렇고 오른쪽도 마뜩찮고
> 또 한 해를 건너가는 여자
> 만만한 일 하나 없는 살림살이, 안 봐도 훤하지.
>
> —「건너간다」 부분

이렇게 더듬이를 세우고 시인은 가족과 친구는 물론이거니와 중앙공원에서 몸을 말리는 노인들, 개미와 꽃과 단풍, 꿈속 술집의 장명등, 북한산 고사리, 화사한 술청에 분 찍어 바르고 나온 아낙 같은 막걸리에 이르기까지 안쓰럽게 바라본다.

시인의 눈길은 이웃의 '상처'에 머문다. 세심하고 그윽하다. 말이 없다. 그러다 시인은 어루만진다. 소박하고 정겹다. 여전히 말이 없다. 천천히 천천히 시인의 이웃이 된다. 그들도 말이 없다. 모르게 모르게 힘이 피어난다. J도 시인의 시를 읽으며 천천히 피어난다. 불편함도 어려움도 꽃으로 피어난다.

이웃이 되었기 때문이다. 시인의 이웃을 만드는 눈길과 어루만짐의 샘은 어디에 있는가? J는 "대수롭지 않은 생애를 기꺼워하는 강아지풀의 아침" 앞에서 한참을 머문다. 간단한 도시락과 물, 팩소주 두 개를 챙겨 넣은 배낭을 메고 가볍게 산을 오르는 시인의 모습이 방금 세수를 마친 얼굴로 콧노래를 부르듯 흔들거리는 강아지풀에 겹친다. 시인에게 새로 강아지풀이란 별명을 지어주고 싶다. 강아지풀 강아지풀 하고 부를 때마다 사람들은 모두 대수롭지 않은 생애라 하더라도 한껏 기꺼워할 것 같기 때문이다.

빛 좋은 오늘, 지금쯤 시인은 아들과 함께 단양의 제비봉이나 괴산의 도명산 허리를 오르고 있을지도 모르겠다. 옛날 이야기 한 자락 배낭에서 꺼내고 있을지도. '함께 멀리'라는, 시인의 이메일 끝에 달린 문구를 생각하며 J의 불편함도 어려움도 기꺼워 콧노래를 부르며 한들거린다.

정환이형이랑 마셨어

"여보, 좀 늦을 거야. 응, 응? 정환이형이랑. 그래, 끊어."

J가 술자리 있을 때 자주 아내와 통화했던 내용이다. 그 뿐만 아니라 정환이형과 술을 마시는 후배라면 술자리가 늦어지더라도 크게 부담을 던다. 정환이란 단어는 한 마디로 아내들에게 잘 통하는 후배들의 술자리 보증수표인 셈이다. 어떤 후배는 다른 사람이랑 술 마시고도 형이랑 마셨다고 할 정도니 형에 대한 신뢰를 더 말해 무엇 하랴.

전자 메일의 끝머리에 형은 자신을 가끔 일하고 가끔 술 마시고 가끔 시 쓴다고 소개하였지만, 가끔의 의미가 의심스러울 때가 많다. 아주 급한 일 아니고서는 형이 술 마시자는

청을 거절한 것을 본 적이 없고, 남보다 앞서 술자리를 나서는 일도 거의 못 보았기 때문이다. 또한 형이랑 술을 마시면 늘 즐거우니 선후배를 가리지 않고 술자리 친구로 가장 인기 있는 사람이 형이기 때문이다. 형수도 형이 사람을 좋아하여 술국 끓일 일이 걱정이라고 했다.

구름 속으로 마차는 사라지고
시나브로 붉게 물드는 하늘가—
볕이 잘 드는 언덕에 다사로운 마을이 있어
무덤같이 옹기종기 모여 앉아 체온을 나누는지
미처 나누지 못한 술잔을 서로 권하는지
젓가락 소리 불콰하게 번져 가는데

지상地上의 추억마저 희미해지면
그렇게 한세상 깜깜하게 저물고 마는 것이라 해도
자네 있어서 내가 여기까지 왔다고 또 권하는지
자꾸 눈시울이 붉어지는 11월, 저녁 하늘가.

—「단풍 묘지」 부분

참 아름다운 술꾼이다. 시인은 옹기종기 모여 앉아 체온을 나누며 권하고 받는 술자리, 술보다는 사람이 주인이 되는 술자리를 좋아하고 즐기며, 또 바라는 것이다. "자네 있어서 내가 여기까지 왔다"니, 살면서 이만큼 힘이 되는 말이 또 있겠는가!

목포의 눈물

술자리의 흥을 돋우는 것으로 노래가 제일이다. 대학 시절 동아리방이나 나무 그늘에 술판을 벌여놓고 손장단에 맞춰 노래 부르던 정취가 꿈처럼 아득하다. 문학을 한답시고 술과 노래에 빠져 살던 날들이 그립다. 조금은 슬픈 서정이다.

반면 노래방은 부끄럽고 아픈 서사의 냄새가 난다. 뛰고 마시고 악을 써대며 광기에 어려 기운을 탕진하였다. 안쓰럽다.

생활에서 노래가 없어진 지 오래, 그 노래들은 다 어디로 갔는가? J는 죽 쌓여 있는 책더미 속에서 시집 한 권을 꺼낸다.

— 사공의 뱃노래 가물거리고

산촌의 한겨울엔 일이 없어 미안한 점심상을 물리고 당신과 마주 누워 노래를 배웠네. 한 소절 한 소절 눈물인 줄도 모르고.

— 삼학도 파도 깊이 숨어드는데

먼 남햇가 어디쯤의 항구인지 섬인지 알 필요도 없었고 궁금하지도 않았네. 당신의 옷가지가 허름하였듯이 나는 그냥 그 오후의 아랫목이 나른한 소년이었으므로.

— 부두의 새악시 눈물 젖은 옷자락

짧기도 하여라. 어느 새 해가 지고 당신의 굴뚝에 무슨 신호인 듯 연기가 오르면 성큼성큼 어둠이 돌아오고 나는 그 비릿한 세월의 어둠 속에서 누에처럼 꿈을 꾸듯 서른 살이 되었네. 당신이 새까맣게 병드는 줄도 모르고.

— 이별의 눈물이냐 목포의 설움

당신은 숨이 다 빠져나간 건전지처럼 싸늘하게 소리를 멈추고, 아주 오래 전부터 눈물은 뜨겁고 짠맛이었음을 알고 나는 혼자 노래를 부르며 목이 잠기네.

—「목포의 눈물」 전문[2)]

수 년 전, 경기도 일산으로 소설가 김남일 선생을 만나러 가는 길에 청계산 옆을 지나면서 시인은 저 산에 어머니가 계시다고 했다. 시인은 자주 못 간다는 말을 짐짓 아무렇지 않게 말했지만 속으로는 뜨겁고 짠 물을 삼키고 있었으리라. 산촌의 어린 시절에 배웠던 가락을 떠올렸을지도.

시인의 자동차나 사무실에서는 늘 음악이 들렸다. 가끔 이웃에게 CD에 담아 별것 아닌 듯 선물하기도 했다. 시인이 노래 부르는 걸 좋아하는지는 모르겠으나 노래판에서 빠지지는 않았다. 시인은 트로트를 많이 불렀는데, 심수봉과 J가 잘 모르는 예전 가수들의 노래가 대부분이었던 것 같다. 시인의

2) 류정환, 『붉은 눈 가족』, 고두미, 2004, 75~76쪽.

목소리는 좀 가늘게 느껴졌는데, 꺾이며 넘어가는 소리와 눈 감고 열창하는 모습이 노래의 애잔함을 더하여 가히 일품이었다.

J는 시집이 나온 지 네다섯 해 후에 이 시를 다시 읽으며 시인의 노래 솜씨의 근원을 짐작하였다. 이 시는 노래 스승에 대한 추모곡이며 어머니에 대한 사랑가이자, 그들과의 이별가이다. 어쩌면 시인의 노래와 시의 새로운 출발점이 되는 시일지도 모르겠다. 이제부터는 '혼자' 노래를 불러야 하고 자신의 노래를 불러야 하기 때문이다. 또한 이때까지 살아온 서른 해의 삶 중에서 맞은 가장 커다란 죽음을 어떻게든 받아들여야 하기 때문이다.

J도 잠시 녹음기에서 흘러나오는 노래를 따라 흥얼거리며 바느질을 하던 어머니 옆에 뒹굴며 노래 가사 받아 적던 소년을 떠올려 본다. 그 무명 골무며 할아버지 돋보기며 나른한 아랫목들은 이제 가뭇없이 애잔하다.

시인의 노래 한번 들을 수 있을까. 어쩌면 다시 불리지 않을 애창곡, 목포의 눈물, 소년의 노래!

어둠 깊은 바다에서 말발굽 소리 들린다. 백마를 타고 부르는 시인의 노래 들린다. 하나의 꿈, 한 시절이 지나가고 있다.

상처를 만지다

2011년 10월 28일 초판 1쇄 발행
2019년 5월 30일 초판 4쇄 발행

지은이 류정환
펴낸이 유정환
펴낸곳 도서출판 고두미
등록 2001년 5월 22일(제2001-000011호)
충북 청주시 상당구 영운천로83번길 32
Tel. 043・257・2224 / Fax. 070・7016・0823
E-mail : godumi@naver.com

ISBN 978-89-91406-73-5 03810